# 古典文獻研究輯刊

## 三五編

潘美月・杜潔祥 主編

## 第9冊

## 詩經世本古義
### （第五冊）

陳開林 校證

國家圖書館出版品預行編目資料

詩經世本古義（第五冊）／陳開林 校證 -- 初版 -- 新北市：
花木蘭文化事業有限公司，2022〔民111〕
目 2+162 面；19×26 公分
（古典文獻研究輯刊 三五編；第 9 冊）
ISBN 978-626-344-111-8（精裝）
1.CST：詩經 2.CST：研究考訂
011.08                                111010303

ISBN-978-626-344-111-8

9 786263 441118

古典文獻研究輯刊
三五編　第九冊　　　　　　ISBN：978-626-344-111-8

## 詩經世本古義（第五冊）

作　　者　陳開林 校證
主　　編　潘美月、杜潔祥
總 編 輯　杜潔祥
副總編輯　楊嘉樂
編輯主任　許郁翎
編　　輯　張雅淋、潘玟靜、劉子瑄　美術編輯　陳逸婷
出　　版　花木蘭文化事業有限公司
發 行 人　高小娟
聯絡地址　235 新北市中和區中安街七二號十三樓
　　　　　電話：02-2923-1455／傳真：02-2923-1452
網　　址　http://www.huamulan.tw 信箱 service@huamulans.com
印　　刷　普羅文化出版廣告事業
初　　版　2022 年 9 月
定　　價　三五編 39 冊（精裝）新台幣 98,000 元　　　版權所有・請勿翻印

# 詩經世本古義

## （第五冊）

陳開林　校證

# 目次

# 詩經世本古義卷之十八〔註1〕

閩儒何楷玄子氏學

## 周幽王之世詩三十一篇〔註2〕

## 何氏小引

《無將大車》，刺幽王任用小人也。

《隰桑》，刺幽王也。小人在位，君子在野，思見君子，盡心以事之。

《大東》，刺亂也。東國困于役而傷於財，譚大夫作是詩以告病焉。

《巷伯》，嫉讒也。幽王初聽讒，有孟子者為巷伯所譖，遂遭宮刑，因作此詩。

《鴛鴦》，美大昏也。疑為詠幽王娶申后而作。

《白華》，幽王娶申女以為后，又得褒姒，而黜申后，故作此詩。

《車舝》，刺幽王也。王以褒姒為后，宮中之人醜之，思得賢女代之為后焉。

《角弓》，父兄刺幽王也。不親九族而好讒佞，骨肉相怨，故作是詩也。

---

《頍弁》，同姓刺幽王也。亂亡已迫，而不自知，族人與國同休戚，深竊憂之。而王疏遠宗族，無繇進其忠告，其族人之尊者遂作此詩。

《瓠葉》，大夫刺幽王也。上棄禮而不能行，雖有牲牢饔餼，不肯用也。故思不以微薄廢禮焉。

《小戎》，美秦〔註3〕襄公也。備其甲兵，以討西戎。

《正月》，大夫刺幽王也。

《瞻卬》，凡伯刺幽王大壞也。其原在嬖褒姒以致亂。

《召旻》，刺幽王〔註4〕任用小人，以致飢饉侵削焉。

《小旻》，大夫刺幽王也。以王棄高明昭顯而好讒慝暗昧，去和而取同，故作此〔註5〕詩。

《青蠅》，大夫刺幽王也。

《我行其野》，疑太子宜臼出奔申之作。

《小弁》，周〔註6〕幽王太子之傅所作，刺幽王也。幽王娶於申，生太子宜臼，後得褒姒而惑之，信其讒，黜申后，逐宜臼，其傅憫其無罪，故述太子之情而為之作是詩，以冀王之一悟也。

《蓼莪》，孝子思養也。疑亦太子宜臼之傅所作。因宜臼被廢於外，代為思親之辭，將使人諷誦，以感悟幽王也。

《十月之交》，大夫刺幽王也。幽王之世，褒姒用事於內，皇父之徒亂政於外。六年之冬，日食陽月，大夫惡之，故作此詩。

《雨無正》，刺幽王也。正大夫離居之後，瞽御之臣所作。

《北山》，行役之士刺幽王不均也。勞於王事，而不得養父母焉。

《何草不黃》，周室將亡，征役不息，行者苦之，故作此詩。

《小明》，大夫悔仕於亂世也。遭時不偶，役則偏苦，行則過期，所以悔也。

《匪風》，檜之君子行役適周，見周道衰微，歸而感傷之作。

〔註3〕詩正文無「秦」。
〔註4〕「刺幽王」，詩正文作「凡伯刺幽王大壞也」。
〔註5〕「此」，詩正文作「是」。
〔註6〕「周」，詩正文無。

《素冠》，刺不能三年也。

《逍遙》，鄶大夫以道去其君也。國小而迫，鄶君不用道，好潔其衣服，逍遙遊燕，而不能自強於政治，故作是詩也。

《丘中有麻》，刺鄭桓公也。桓公處於留，與鄶君夫人叔妘通焉。詩人託為叔妘之辭以醜之。

《隰有萇楚》，疾恣也。鄶君之夫人與鄭伯通，鄶君弗禁，國人疾之。

《菀柳》，刺幽王也。侮慢諸侯，數徵會之，而無信義焉。

《巧言》，大夫傷讒也。周幽王惑於讒，既立伯服，逐宜臼，復與諸侯為太室之盟，將謀伐申，以求宜臼而殺之。大夫憂喪亂之將至而作此詩。

《苕之華》，幽王之時，西戎之亂始於褒姒，而其禍遂連於中國。詩人傷之，於其末章窮而反本。


# 無將大車

《無將大車》，刺幽王任用小人也。按：《竹書》紀幽王元年，錫太師尹氏、皇父命。其後與家伯、仲允、番、掫、蹶、楀之徒朋比褒姒，表裏為惡，卒以滅周。詩人當王任用之初，預憂及此，故作此詩。又，《國語》言「虢石父，讒諂巧從之人也，而王立以為卿士」《史記》[註7]亦言「石父為人佞巧，善諛好利。幽王以石父為卿用事，國人皆怨」。又云：「褒姒有寵，生伯服，於是乎與虢石父比，逐太子宜臼而立伯服，周於是乎亡。」然則皇父之外，更有石父，群小充斥，紊亂朝政，祚安得延？《左傳》：「王子朝曰：『至於幽王，天不弔周，王昏不若，用愆厥位。』」正謂此也。

無將大車，祇自塵真韻。兮。無思百憂，祇自痕叶真韻，武巾翻。趙頤光云：「『多我覯痻』之『痻』，即此字。」《石經》作「瘠」。俗按：底、瘠所以有民音者，古文如昏、緍等字或從氏，又或從民，且云以民得聲。然則氏、民通用，當是字畫相近，傳寫致然。此底字下從氏，或亦通從民也。豐氏本作「痕」。兮。興而比也。「將」，鄭云：「猶扶進也。」按：將字從寸。寸者，手也，故為扶而進之之義。孔穎達云：「《冬官》：車人為車。有大車，平

---

〔註7〕「記」，四庫本作「父」。

地載任之車也。其車駕牛，故《酒誥》曰：『肇牽車牛，遠服賈。』須人傍而將之，是為扶車而進導也。大車比小人，言無扶進此小人也。」郝敬云：「小車駕馬，大車駕牛。車行利輕而惡重，貴馬而賤牛，故以牛車為小人負重之比。始不察而誤用，至於困憊不前，誤國僨事，所以可憂。」「祇」，舊皆訓「適」也。亦通作「多」。「塵」，本作「麤」，《說文》云：「鹿行揚土也。」車行土起亦然。凡大車所過，塵必障天，將車之人面目殆不可辨。《焦氏易林》云：「大車多塵，小人傷賢。」所憂多端曰「百憂」。要玩「無思」二字。憂至於不欲思，正其憂之深也。「疧」，《說文》云：「病不翅也。」不翅，猶言不止也。小人進用，則蠱惑君上之視聽，以是為非，以非為是，國事受其紊亂，人才受其顛倒，其可憂者，非上一端，故思之而至於疾病不能止也。然是小人者誰用之？王自用之耳。王誠能深思其可憂，則斥而遠之不難矣。不敢誦言而代為懊恨之辭，欲王聞之而庶有悟也。○**無將大車，維塵冥冥。**叶迴韻，母迴翻。**無思百憂，不出于熲。**迴韻。○興而比也。「冥」，《說文》云：「幽也。從日六，冂聲。日數十。十六日而月始虧。」冂亦夜也。鄭云：「冥冥者，蔽人目，明令無所見也。」《荀子》云：「君人者，不可以不慎取臣。匹夫者，不可以不慎取友。友者，所以相有也。道不同，何以相友也？均薪施火，火就燥。平地注水，水流濕。夫類之相從也，如此之著也。以友觀人，焉所疑？取友善人，不可不慎，是德之基也。《詩》曰：『無將大車，維塵冥冥。』言無與小人處也。」《韓詩外傳》云：「魏文侯之時，子質仕而獲罪焉，去而北遊，謂簡主曰：『從今已後，而不復樹德於人矣。』簡主曰：『何以也？』質曰：『吾所樹堂上之士半，吾所樹朝廷之大夫半，吾所樹邊境之人亦半。今堂上之士恐我以法，邊境之人劫我以兵，是以不樹德於人也。』簡主曰：『噫！子之言過矣。夫春樹桃李，夏得陰其下，秋得陰其實。春樹蒺藜，夏不可採其葉，秋得其刺焉。繇此觀之，在所樹也。今子所樹非其人也，故君子先擇而後種也。』《詩》曰：『無將大車，維塵冥冥。』」「熲」，《說文》云：「火光也。」可憂多端，倘復思之，滿腹迷悶，終無以自解矣。鄭云：「思眾小事以為憂，使人蔽闇不得出於光明之道。」○**無將大車，維塵雍**叶腫韻，委勇翻。亦叶宋韻，於用翻。《大全》、朱《傳》、嚴本、蘇本、豐本俱作「雝」。陸德明本作「壅」。兮。**無思百憂，祇自重**宋韻。亦叶腫韻，柱勇翻。兮。興而比也。「雍」，通作「邕」，《說文》云：「邕，四方有水，自邕城池者，從

川從邑。」故有障塞之義。先言「塵」，繼言「冥」，繼言「雍」，轉起而轉盛也。嚴云：「塵雍蔽則小人之勢盛矣，是其始將之之過也。」愚按：此謂小人用事，則其類方且湊集而至，故其象為塵合，而雍蔽之甚如此。「重」，鄭云：「猶累也。」王安石云：「凡物之行，不為物所累則輕而速，為物所累則重而遲。」此言不思則已，一思則百端交集，徒自覺重累耳。

《無將大車》三章，章四句。《序》云：「大夫悔將小人也。」鄭玄云：「幽王之時，小人眾多，賢者與之從事，反見譖害，自悔與小人並。」今按：幽王之時，未有以進用小人而為小人所害者。雖史冊無考，然政不足信。《子貢傳》謂「是周人諫大夫之詩」，而其文不全。《申培說》則足之云：「周大夫有親信小人者，其臣諫之而作是詩」，與《序》意大同小異，而其義反淺。鄒忠胤云：「玩詩人語意，實非以大車比小人。蓋任車莫如重，『大車以載，積中不敗』，此豈小人可擬？愚意周人其諫士大夫之貪位擅權乎？蓋王政不綱，王室大夫每相與爭政而釀釁，《小雅》故刺之曰：『民之無良，相怨一方。受爵不讓，至于己斯亡。』夫器小不可以懷大。《易》曰：『鼎折足，覆公餗。』又曰：『負且乘，致寇至。』漆園氏有言：『親權者不能與人柄，操之則慄，捨之則悲，而一無所鑒，以窺其所不休者，吳〔註8〕天之僇民也。』此大夫必力小任重，又戀不能捨，其所謂『百憂』，亦不過患得患失，自貽伊戚而已。詩人諫以弛於負擔，無徒自苦為也。故曰『無思百憂，祇自疧兮』。若使憂而為王室起見，則蟊猶不恤其緯而憂宗周之隕為將及，周人顧耽怡堂而忘焚棟，欲禁使憂者之勿憂，反不及蟊恤之忠，聖人又何為錄之乎？」其說亦通。愚但玩「自塵」及「冥冥」、「雍兮」等語，明是為誣上行私者而發。若朱子以為「行役勞苦而憂思」之詩，則謂此詩真是將大車者所作，殊可笑也。


# 隰桑

《隰桑》，刺幽王也。小人在位，君子在野，思見君子，盡心以事之。出《序》。○愚按：鄭史伯之言幽王也，曰：「王棄高明昭顯而好讒慝暗昧，惡角犀豐盈而好頑童窮固，去和而取同。夫和實生物，同則不繼。以它平它，謂之和，故能豐長而物生之。若以同裨同，盡乃棄矣。先王擇臣取諫工而講以多物，務和同也。聲一無聽，物一無文，味一無果，物一不講，王將棄

---

〔註8〕「吳」，《莊子·天運》作「是」。

是類而與剽同。天奪之明，欲無弊得乎？」史伯之論和，即此詩「遐不謂矣」之旨。知無不言，言無不盡，是和也，非同也。詩人所思之君子，其亦向在位而今在野者與？

**隰桑有阿，**歌韻。**其葉有難。**叶歌韻，囊何翻。**既見君子，其樂**音絡。**如何！**歌韻。○興也。「隰」，《說文》云：「阪下隰也。」《典術》云：「桑木者，箕星之精，神木也。蟲食葉為文章。」「阿」，通作「娿」，《說文》云：「陰娿也。」《韻會小補》云：「娿娜，弱態也。」「難」，通作「儺」，本人行步有節之義。以葉之迎風，搖曳似之。孔穎達云：「阿那是枝葉條垂之狀。桑非能水之木，而言隰桑美者，以桑不宜在停水之地，宜在隰潤之所。隰之近畔，或無水而宜桑。以今驗之，實然者也。」鄭玄云：「正以隰桑興者，反求此義，則原上之桑枝葉不能然。」馮時可云：「不在原而在隰，喻其野處有覆養之德。言隰而不言原，陰刺在位者之無德於民也。」愚按：《車舝》篇言「阪有桑」，《南山有臺》篇亦言「南山有桑」，此獨以「隰桑」為言，詩人不為無意。鄭、馮之解是也。桑生下濕，其枝葉娿儺可愛，興君子在野，雖處窮約，而英華髮外，無入而不自得。我若見此君子，其樂當如何哉！「樂」，喜樂也。小曰喜，大曰樂。曰「如何」，知為虛擬之辭，非朝中真見此人也。「君子」，必有所指。「難」字中亦含有樂意。○**隰桑有阿，其葉有沃。**叶藥韻，鬱縛翻。**既見君子，云何不樂！**叶藥韻，歷各翻。○興也。「沃」，《說文》云：「溉灌也。」「其葉有沃」者，劉彝云：「謂長茂光潤，如膏之沃也。」按：王盤《桑書》云：「桑種甚多。世所名者，荊與魯也。葉薄而尖，其邊有瓣者，荊桑也。凡枝幹條葉堅勁者，皆荊之類也。葉圓厚而多津者，魯桑也。凡枝幹條葉豐腴者，皆魯之類也。魯桑宜飼大蠶，而荊桑宜飼小蠶。」今此桑言「阿」，又言「沃」，意即所謂魯桑耳。桑葉沃則可以養蠶，而人皆資其衣被之用，興君子之德足為人所利賴，俾之在位則有澤民濟世之能，此既見之所以可樂也。「云何不樂」，反言以見意。今不得見，則其不樂可知。又，徐光啟云：「曰『其樂如何』者，欲自言而非言語之所能形容也。曰『云何不樂』者，欲自止而非在我之所能抑遏也。」亦通。○**隰桑有阿，其葉有幽。**尤韻。亦叶肴韻，於交翻。**既見君子，德音孔膠。**肴韻。亦叶尤韻，居侯翻。○興也。《春秋元命苞》云：「幽之為言窈也。」毛《傳》以為「黑色」。愚按：此狀葉盛之貌。葉盛而密，祇見其窈然作深黑色，稀疏則不能也。言從德出曰「德音」。「孔」，甚也。「膠」，《說文》云：「昵也。」煮皮作之，所以黏物，或用

角。君子非德不言，無言非德，亦如桑葉之茂密然。聞之者漸漬其中，自然膠固而不可解。所謂君子之德音甚足以膠固乎人者，此也。下章「遐不謂矣」，正「孔膠」之實。《韓詩外傳》云：「夫狂者自氊忘其非揭橥也，飯土而忘其非粱〔註9〕飽也。然則楚之狂者楚言，齊之狂者齊言，習使然也。夫習之於人，微而著，深而固，是暢於筋骨，貞於膠漆，是以君子務為學也。《詩》曰：『既見君子，德音孔膠。』」○心乎愛叶未韻，許既翻。矣，遐《禮記》作「瑕」。不謂未韻。矣。中心藏陽韻。之，何日忘陽韻。之。賦也。嚴粲云：「『心乎』，言繇中也。」「愛」，謂愛君也。「遐」之言「胡」也，「胡」之言「何」也，皆音之轉也。《儀禮》：「永受胡福。」《注》亦訓「胡」為「遐」。故知「胡」、「遐」通用。「遐不」，猶言無不也。「謂」，朱子云：「猶告也。」《序》所謂「思見君子，盡心以事王」者，即此藏蓄也。「中心藏之」，拳拳服膺之意。「忘」，遺忘也。言此「德音孔膠」之君子，彼固心乎愛君者，凡所當言，將無不以之入告矣。王誠能以其所言者藏之於心，服念不置，必知其皆本於忠愛之發，自不能一日暫忘此人也。「藏之」之字指言，「忘之」之字指人。此君子必以言見棄者，故詩人云然。《表記》：「子曰：『事君欲諫，不欲陳。』」因引此《詩》。以諫者造膝披誠，意在悟主，君必亮之。若陳者乃揚之於外，直暴君之失耳，所繇與「心乎愛」君異矣。《孝經》：「子曰：『君子之事上，進思盡忠，退思補過，將順其美，匡救其惡，故上下能相親也。』」亦引此《詩》。愚繹孔子之言，因悟此詩之義。「進思盡忠，退思補過」，「心乎愛」也。「將順其美，匡救其惡」，「遐不謂」也。「遐不謂」從「心乎愛」而來，是下親上也。君因其「遐不謂」而「中心藏之」，自知其「心乎愛」而「無日忘之」，是上親下也。《左·襄二十七年》：「鄭伯享趙孟於垂隴，子產賦《隰桑》。趙孟曰：『武請受其卒章。』」意欲子產之見規誨也。又，《韓詩外傳》引《孟子》曰：「仁，人心也。義，人路也。捨其路而弗由，放其心而弗求。人有雞犬放則知求之，有放心而不知求，其於心為不若求雞犬哉！不知類之甚矣。悲夫！終亦必忘而已矣。故學問之道無他焉，求其放心而已。《詩》曰：『中心藏之，何日忘之。』」玩此引《詩》之意，可知「中心藏之」更自吃緊。

《隰桑》四章，章四句。朱子謂「此喜見君子之詩。詞意大槩與《菁莪》相類」。《子貢傳》則謂「此詩與《鹿鳴》、《伐木》、《菁莪》、《白駒》皆所

〔註9〕「粱」，底本誤作「梁」，據四庫本、《韓詩外傳》卷四改。

以燕賢也」。《申培說》亦以為「天子燕士之詩」。今按：此詩雖彷彿與《菁莪》近似，然細味，實有不同者。以《菁莪》取興，自「中阿」，而「中沚」，而「中陵」，有離潛向升之象。此三章但皆曰「隰桑」耳。隰者，卑下之地，其非在高明之位可知，況「其樂如何」、「云何不樂」，又皆未有是事而假設之語乎！故知《序》解自確。若季本謂「此乃婦人於蠶桑之時得見其夫而作」，其鄙淺不經殊甚。

# 大東

《大東》，刺亂也。東國困于役而傷於財，譚大夫作是詩以告病焉。出《序》。○詩稱「西人」，謂西京之人也，則其為西周之詩可知。《竹書》紀幽王二年初增賦，是詩之作，其在此時乎？周道雖衰，而誅求之令尚行於天下。及至東周，則不能然矣。王應麟云：「『擇三有事，亶侯多藏』，貪墨之臣為蟊賊。『小東大東，杼柚其空』，聚斂之臣為斧斤。《文侯之命》所謂『殄資澤於下民』也。」〔註10〕孔穎達云：「譚大夫以譚國在東，而見偏役，故經云小東、大東，不指譚而言東者，大夫雖自為己怨，而非譚獨然，故言東以廣之。」陳氏云：「晉之《乘》，楚之《檮杌》，魯之《春秋》，皆東遷之史也。古者諸侯無私史。有邦國之志，則小史掌之而藏周室。魯人所謂周人御書，晉人所謂辛有之二子董之晉，於是有董史者也。是故《費誓》繫於《周書》，漢、汝、江、沱至於譚大夫下國之詩皆編入於《南》、《雅》。」〔註11〕按：譚，嬴姓，子爵。詳見《碩人》篇。

有饛楊氏〔註12〕《奇字》作「𥂀」。簋飧，有捄棘匕。紙韻。周道如砥，紙韻。《孟子》作「底」。其直如矢。紙韻。君子所履，紙韻。小人所視。叶紙韻，善旨翻。豐氏本作「眡」。《墨子》引此《詩》云：「其直若矢，其易若底。君子之所履，小人之所視。」睠《後漢書》、陸德明本俱作「睠」。言《後漢書》作「然」。《荀子》作「焉」。顧之，潸焉《荀子》作「然」。出涕。叶紙韻，天以翻。○賦也。「饛」，《說文》云：「盛器滿貌。」「簋」，解見《權輿》篇。「飧」，毛《傳》云：「熟食，謂黍稷也。」鄭玄云：「飧者，客

---

〔註10〕（宋）王應麟《困學紀聞》卷三《詩》。
〔註11〕（宋）陳傅良《春秋後傳》卷一《隱公元年》「春王正月」。
〔註12〕「氏」，四庫本作「子」。

「兔為食品之主品。」羅願云：「冬月唯齕木皮。至春艸長麥繁，而肉反不美。」按：《儀禮·公食大夫》云：「上大夫庶羞二十，加於下大夫，以雉、兔、鶉、鴽。」《禮記·內則》篇紀諸膳，共二十豆，與《儀禮》同。雉、兔、鶉、鴽四物為四豆，列為第五行，惟上大夫得有之。然不過二十豆中之一耳。又有以兔為羹者。《內則》云：「兔羹和糝不蓼。」言以五味調和米屑為糝，不須加蓼也。又云：「雉兔皆有芼。」言雉兔羹皆有芼菜以和之也。又有以兔為菹類者。《內則》云：「兔為宛脾。」按：《青箱記》云：「古稱兔無脾，今有宛脾之名，其制後人所未詳也。」有以兔為醢者。《周禮》：「加豆之實，芹菹兔醢。」《內則》云：「脯羹兔醢。」言食脯羹者當以兔醢配之也。此詩單舉兔一物，而又以炮炙為言，皆禮所不載。孔云：「『有兔斯首』，謂惟有一兔。『斯』字當訓為此。王肅、孫毓皆云：『惟有一兔頭耳。』然按經有『炮之燔之』，且有『炙之』，則非惟一兔首而已。既能有兔，不應空用其頭。若頭既待賓，其肉安在？以事量理，不近人情。」李氏、朱子皆謂「兔以首言，猶數魚以尾」。愚謂此說未盡。《內則》言「物之不可食者，狼去腸，狗去腎，狸去正脊，兔去尻，狐去首，豚去腦，魚去乙，鱉去醜」。夫兔既去尻，則棄其後臀處不用，故但舉首以顯之耳。又，陸佃云：「兔尻有九孔。今尻於文從九，蓋生於兔也。」

「炮」、「燔」、「炙」三字，舊說據鄭《箋》義，謂「鮮明而新殺者，合毛炮之。若割截而柔者，則爓貫而炙之。其為脯臘而乾者，則加之火上燔之」。今按：「有兔斯首」，三章同文，止此一新殺之兔耳，既已合毛與肉而炮之，何又有肉之柔處可割截而炙之？又於何時乾其肉成脯，臘而至今，復燔之？彼其大者不過二斤，而其為用之宏，至於如此，豈不可笑！若謂有新殺而鮮者，又有近殺而柔者，又有久殺而乾者，則是具三兔也，何不移以治他羞，而酷嗜此物若是？且觀所言菜惟瓠葉，其禮之薄可知，必非具三兔明矣。此辨近俚，然於理有妨，又於先後文義未合，故不容以不辨。以愚見，則燔是先事，而或炮之，或炙之，則其後事也。「燔」，《說文》云：「爇也。」兔始殺而爇去其毛也，與「或燔或炙」之「燔」不同。彼乃燔肉耳。「炮」，《禮記注》謂「裹燒之」。《周禮·地官·封人》職云：「毛炮之豚。」鄭氏《注》謂「爛去其毛而炮之，以備八珍」。按：《內則》云：「炮取豚，刲之刳之，實棗於其腹中，編萑以苴之，塗之以謹塗。炮之，塗皆乾，擘之。」「刲之刳之」，殺而去其五藏。「萑」，蘆葦之類。「苴」，裹也。「謹」，通作「墐」，黏土也。「擘之」者，擘去乾塗也。自是之後，則濯手以摩之，去其皽膜，和之以稻粉之粥，煎之以膏，調之以醢

醢。此八珍之一也。賈公彥云：「鄭知去毛者，毛於牲無用，空以污損牲體，故知凡炮者皆去毛也。」此言「炮之」，當亦如是。燔毛之後，乃以物包裹而燒之也。毛《傳》云：「炕火曰炙。」孔云：「炕，舉也，謂舉於火上以炙之。」愚按：此炙非炙肉，當與「或燔或炙」之「炙」同解。彼為炙肝，知此所炙者亦肝之類，蓋將炮之時，剖去五藏，因取而炙之。孔疏《楚茨》篇謂「炙者，遠火之稱，以難熟者須近火，易熟者遠之。肝，易熟之物，故但用炙」是也。又，《藥性本艸》謂「兔肝主明目，亦可食之物」。若以炙為炙肉，則全體既皆炮之矣，復何處可用其炙乎？然則此詩先言「炮之燔之」者，謂本欲炮之，先命燔其毛也；次言「燔之炙之」，末言「燔之炮之」者，謂既燔之後，先剖出其五藏，因擇取而炙之，而後乃實物於腹中，從而炮之也。各有條序，非變文叶韻之說。又按：鄭云：「飲酒之禮，既奏酒於賓後，乃薦羞。」據下文初言「獻之」，則此「炮之燔之」乃未獻賓以前事，此時尚未薦羞。及獻賓後，始薦之，後二章是也。朱子云：「主人酌以獻賓曰獻。」

○有兔斯首，燔之炙叶藥韻，職略翻。之。君子有酒，酌言酢藥韻。之。賦也。「燔之炙之」，解見上章。孔云：「今禮，鄉飲酒、燕禮、大射，皆先進酒，乃薦脯醢，乃羞庶羞。」愚按：薦脯醢事在羞庶羞之前。此下二章先舉炙、後舉炮者，亦先脯醢而後庶羞之意。《倉頡篇》云：「客報主人曰酢。」朱子云：「賓既卒爵，而酢主人也。」○有兔斯首，燔之炮叶尤韻，蒲侯翻。之。君子有酒，酌言酬尤韻。之。賦也。「燔之炮之」，解見首次、二章。「酬」，毛云：「道飲也。」鄭云：「主人既卒酢爵，又酌自飲，卒爵復酌進賓，猶今俗之勸酒。」孔云：「欲以酬賓，而先自飲以導之。其實〔註60〕飲訖，進酒於賓，乃謂之酬也。」按：禮，主人導飲之後，賓受爵，邰不飲，奠於席前，乃行旅酬之禮，交錯以遍。卒飲者，實爵於篚。今此一獻禮薄，當無旅酬之事。

《瓠葉》四章，章四句。朱子謂「此亦燕飲之詩」。然古無以瓠葉一兔為禮者。雖曰物薄意誠，不應喬野如此。其何敢信？或又以為謙言之。味詩詞，果謙言之云乎？申培氏不著說。若《子貢傳》謂「所以燕大臣」，則不根益甚矣。

---

〔註60〕「實」，四庫本同，孔《疏》作「賓」。

## 小戎

《小戎》，美襄公也。備其甲兵，以討西戎。出《序》。○《史記·秦本紀》云：「莊公生子三人。其長男世久。世父曰：『戎殺我大父仲，我非殺戎王則不敢入邑。』遂將擊戎，讓其弟襄公為太子。莊公卒，襄公代立。二年，戎圍犬丘世父。世父擊之，為戎人所虜。歲餘，復歸世父。」按：《竹書》紀「幽王四年，秦人伐西戎」。意世父遇虜即在是年，則此詩之所為作，蓋因秦師車甲之盛，戎慮非敵，故復歸世父耳。終襄公之世，惟兩伐戎。是役之後，至平王五年之役，則卒於師矣。據《史記》稱「襄公伐戎，至岐卒」，詩不應有「在其板屋」之語，固知是役為救世父也。

小戎俴收，尤韻。五楘梁《漢書注》作「良」。輈。尤韻。游陸德明本作「靷」，引沈云：「舊本皆作『靳』。」環脅豐氏本作「脅」。驅，叶尤韻，祛尤翻。又叶遇韻，區遇翻。又叶屋韻，居錄翻。陸本作「駈」。豐本作「毆」。陰靷鋈續。叶屋韻，讀如熟，神六翻。亦叶遇韻，辭屢翻，徐邈讀。文茵《釋名》作「鞇」。豐本作「因」。暢豐本作「𩏑」。轂，屋韻。駕我騏馵。遇韻。亦叶屋韻，讀如祝，之六翻。言念君子，溫其如玉。沃韻。在其板屋，亂我心曲。沃韻。○賦也。「小戎」，毛《傳》云：「兵車也。」董氏云：「《六月》言『元戎十乘』，此天子之車也，故夏鉤車，殷寅車，周元戎。然則諸侯之戎車謂之小戎，宜也。」〔註61〕「俴」，《爾雅》、《說文》皆云：「淺也。」舊說以為平地任載之大車，前軫至後軫，其深八尺。兵車當輿之內，從前軫至後軫，惟深四尺四寸。是兵車比大車之軫為淺。人之升車也，自後登之，入於車內，故以深淺言之。〔註62〕按：此解亦通。然於第三章「俴

〔註61〕出《呂氏家塾讀詩記》卷十二。

〔註62〕按：此係孔《疏》之說，曰：

此言「俴收」，下言「暢轂」，皆謂兵車也。兵車言淺軫長轂者，對大車、平地載任之車為淺為長也。《考工記》云：「兵車之輪，崇六尺有六寸，楺其漆內而中詘之，以為之轂長。」注云：「六尺六寸之輪，漆內六尺四寸，是為轂長三尺二寸。鄭司農云：『楺者，度兩漆之內相距之尺寸。』」是兵車之轂長三尺三寸也。《考工記》又說「車人為車，柯長三尺，轂長半柯」，是大車之轂長尺半也。兵車之轂比之為長，故謂之長轂。《考工記》又云：「輿人為車，輪崇，車廣，衡長，參如一。參分車廣，去一以為隧。」注云：「兵車之隧四尺四寸。鄭司農云：『隧謂車輿深也。』」則兵車當輿之內，從前軫至後軫，唯深四尺四寸也。《車人》云：「大車牝服二柯，有參分柯之二。」注云：「大車，平地載任之車，牝服長八尺，謂較也。」則大車之用內前軫至後軫其深

馴」二字終覺難解。《管子》有曰：「甲不堅密，與俴者同實。將徒人，與俴者同實。」房玄齡《注》以「俴」為「單也」。單猶空也，言甲不堅，與單身無甲者同。徒卒以器械，亦與單身同也。此可識俴之義。「俴」之為「單」，以音近耳。戎車不載他物，故曰俴。「收」，毛云：「軫也。」孔穎達云：「軫者，車之前後兩端之橫木也，所以收斂所載，故名收焉。」按：軫在輿上，以載人物，故《考工記》言「軫方以象地」，即車箱是也。《說文》以軫為車後橫木，《方言》、《小爾雅》以軫為車枕，蓋但據其後言之耳。兵車以馳突攻擊為事，故車箱中空，無所收載，貴取其輕利也。「五」，毛云：「五束也。」「楘」，《說文》云：「歷錄束交也。」孔云：「五楘是轅上之飾，故以五為五束，言以皮革五處束之。所束之處，因以為文章歷錄然。歷錄，蓋文章之貌也。」「梁輈」，毛云：「輈上勾〔註63〕衡也。」按：《小爾雅》云：「轅謂之輈。」又，《方言》云：「楚、衛之間謂轅為輈。」車之進退，以轅為主。車前兩服馬，一在轅左，一在轅右，轅直一木。據《禮記》車製圖云：「長一丈四尺四寸。」《考工記》云：「三分其長，二在前，一在後。」其制從後軫至前軫，稍曲而上，以便兩服馬之進退，不使礙其體膚。至施衡之處，則駕於衡之上，而向下鉤之。「衡」，轅端橫木，當服馬項上，有缺處以扼馬頸，亦謂之扼。《考工記》謂之鬲，長六尺六寸，橫居於轅下。而轅形穹窿上曲，如屋之梁，故謂之梁輈也。愚因此得「服馬」「服」字之義。服，從舟，㠯聲，蓋以兩服馬居輈兩旁得名。而《說文》但以為「車右騑」之稱，非也。或又謂梁輈即所謂軏。按：《說文》云：「軏，車轅端持衡者。」徐鍇解以為「重縛在衡上」，其非梁輈明矣。五分其輈之穹，每分各束以皮，蓋為恐曲處多是斲成，不隨木理，易致折耳。按：《考工記》云：「良輈環灂。」灂即漆也。輈有膠筋之被，故輈之良者，四環皆漆之也。「游環」，毛《傳》、朱子皆以為「靷環」，非是。陸德明引沈云：「舊本皆作『靳』。靳者，言無常處。以驂馬外轡貫之，以止驂之出。《左傳》所云『如驂之有靳』，無取於靷也。」據此，則靳、靷二字原有辨。靷，解見下。靳，乃游環之名。所謂游環者，以皮為環，即皮圈也。引兩驂馬之外轡，並兩服馬之內外兩轡，俱貫於圈內而執之，所以制驂馬，使不得外出，故謂之靳。

八尺，兵車之軫比之為淺，故謂之淺軫也。人之升車也，自後登之，入於車內，故以深淺言之，名之曰隧。隧者深也。鄭司農云「隧謂車輿深」，玄謂「讀如邃宇之邃」，是軫有深淺之義，故此言淺軫也。

〔註63〕「勾」，毛《傳》同，四庫本作「鉤」。

徐鍇以為「靳制其行」是也。其號此環為遊者，取游移之義，以其在兩服、兩驂背上，或前或卻，變動不居。而陸德明但據驂馬而言，劉熙但據服馬而言，俱非通義。「脅驅」，鄭玄云：「著服馬之外脅，以止驂之入。」孔云：「以一條皮上繫於衡，後繫於軫。驂馬欲入，則此皮約之。」按：此則左右兩邊皆有以此物，正當服馬之脅，而隔斷兩驂於其外，如驅之使不得相近者然，故名之曰脅驅也。「陰」，毛云：「掩軌也。」劉熙云：「陰，蔭也。橫側車前，以蔭笭也。」按：軌，車下橫木以持輪者，亦謂之轊。笭，橫在車前，織竹作之。笭在軌之上，陰又在笭之上，其制為板木，橫側車前，繫靷於此。嚴粲以掩軌之軌當作軓，音犯，非是。考軓與軏同，其義則軾前也。據鄭解，掩軌垂軸之上，當軾之前，疑此陰即軓耳。「靷」，毛云：「所以引也。」朱子云：「以皮二條前繫驂馬之頸後，繫陰板之上。」孔云：「車衡之長，惟六尺六寸，止容二服而已。驂馬頸不當衡，別為二靷以引車，故云『所以引也』。《大叔于田》云：『兩服齊首，兩驂雁行。』明驂馬之首不以服馬齊也。《左傳》稱郵無恤說己之御云：『兩靷將絕，吾能止之。』駕而乘材，兩靷皆絕，是橫軌之前別有驂馬二靷也。」又，《廣雅》以「陰靷」為「伏兔」，非是。「鋈」，毛云：「白金也。」劉熙云：「鋈，沃也。治白金以沃灌靷環也。」孔云：「《爾雅》：『白金謂之銀，其美者謂之鐐。』然則白金不名鋈，謂銷此白金以沃灌，非訓鋈為白金也。金、銀、銅、鐵總名為金。此說兵車之飾，或是白銅、白鐵，未必皆白銀也。」「續」，毛云：「續靷也。」孔云：「鋈續是作環相接，以白金飾續靷之環。」愚按：陰與靷原是兩物，不相聯屬。今綴環於陰板而繫靷於環以聯屬此兩物，故名此環為續也。若鋈，則意即今所謂流金是也。「文茵」，孔云：「茵者，車上之褥，用皮為之。言文茵，則皮有文采。」劉熙《釋名》作「文鞇」，云：「車中所坐者也。用虎皮，有文采，因與下輿相連著也。」「暢轂」，毛云：「長轂也。」朱子云：「轂者，車輪之中，外持輻、內受軸者也。」王安石云：「《老子》曰：『三十輻共一轂。』輪之心為轂。轂中橫截者謂之軸。」《考工記》云：「轂也者，以為利轉也。輻也者，以為直指也。」孔云：「鄭司農注《考工記》謂『兵車之轂長三尺二寸，大車轂長尺半，是兵車之轂比之為長，故謂之長轂』。按：兵車所以貴長轂者，蓋以其馳驅險阻，慮轂短則脫輻故也。」「騏」，毛云：「綦文也。」孔云：「色之青黑者名為綦。馬名為騏，知其色作綦文。」又，《說文》云：「馬青驪，文如博棋也。」或云蒼艾色。《易》云：「震為騽足。」《爾雅》

云：「馬後右足白，驤；左白，翼。」又云：「膝上皆白惟馵。」郭璞云：「馬膝上皆白，為惟馵。後左腳白者，專名馵也。」統全文訓之，「俴收」、「暢轂」，戎車之制也；「文茵」，車上所用物也；「五楘」、「梁輈」，所以馭兩服也；「游環」、「脅驅」、「陰靷」、「鋈續」，所以馭兩驂也。終之曰「駕我騏馵」，則又仍主兩服而言，即下章「騏騮是中」是也。「言」，發語辭。「君子」，謂襄公之兄世父也。事見《小引》下。後仿此。「溫其如玉」，以德性言。若曰戰陣乃武勇者之事，以世父之溫然如玉，則不堪此任矣，故復仇之志雖切，而卒至為戎所虜也。又，《聘義》：「子貢問於孔子曰：『敢問君子貴玉而賤碈者，何也？為玉之寡而碈之多與？』孔子曰：『非為碈之多故賤之也，玉之寡故貴之也。夫昔者，君子比德於玉焉，溫潤而澤，仁也。縝密以栗，知也。廉而不劌，義也。垂之如隊，禮也。叩之，其聲清越以長，其終詘然，樂也。瑕不掩瑜，瑜不掩瑕，忠也。孚尹旁達，信也。氣如白虹，天也。精神見於山川，地也。圭璋特達，德也。天下莫不貴者，道也。《詩》曰：言念君子，溫其如玉。故君子貴之也。』」《荀子》引孔子之言曰：「雖有珉之彫彫，不若玉之章章」，亦引此詩。皆無關詩旨。「板屋」，朱子云：「西戎之俗，以板為屋。」班固《地理志》云：「天水、隴西，山多林木，民以板為屋。故《秦》詩云：『在其板屋。』」酈道元云：「上邽，故邽戎國。秦武公十年伐邽，縣之。漢改天水郡。其鄉居悉以板蓋屋。」按：張宣公《南嶽唱酬序》云：「方廣寺皆板屋。問老宿，云：『用瓦輒為冰雪凍裂。』」〔註64〕以南嶽觀之，則知板屋非獨西陲為然。愚按：時世父被虜，在戎地，故云然。「心曲」，鄭玄云：「心之委曲也。」憂思而至於心亂，故今日之具兵甲以往征，孜孜不容已也。○四牡孔阜，有韻。豐氏本作「駓」。六轡在手。有韻。騏騮是中，東韻。騧驪是驂。豐道生云：「當叶車韻，讀如驄，粗叢翻。」龍盾之合，韻。鋈《說文》作「渼〔註65〕」。以觼軜。合韻言念君子，溫其在邑。叶念韻，遏合翻。方何為期，支韻。胡然我念之。支韻。○賦也。承上章「駕我騏馵」而言。「四牡」謂駟馬皆牡。「孔阜」、「六轡在手」，解俱見《駟鐵》篇。「駓」，《說文》以為「赤馬黑毛尾」，鄭《箋》以為「赤身黑鬣」。按：此詩所言戎車，乃駟馬之車，騏駓騧驪四牡備矣。益以上章之馵，不又成五馬乎？偶以《爾雅》求之，而悟此章之「駓」即上章之「馵」，

〔註64〕見《困學紀聞》卷三《詩》。
〔註65〕「渼」，四庫本作「沃」。

乃《爾雅》之所謂「驈白駁」者也。蓋馬有驈色、有白色者，名之曰駁。此本駁馬，特上章因其白之在足而題之以驃，此章則因其驈之在體而題之以驈耳。又，羅願云：「古者驈非所貴，故《淮南子》曰：『旁光不升俎，驈駁不入牲。』以其犁也。」陸佃云：「騏驈中馵，騧驪上駟。故服以騏驈，驂以騧驪。《淮南子》曰：『驂欲馳，服欲步。』」《說文》云：「騧，黃馬黑喙。驪，馬深黑色。」毛云：「中，中服也。驂，兩騑也。」孔云：「車駕四馬，在內兩馬謂之服，在外兩馬謂之騑。春秋時，鄭有公子騑，字〔註66〕子駟，是有騑乃成駟也。」「盾」，干也，《說文》云：「瞂也。」瞂者，所以蔽身捍目，以木為之。畫龍於上，謂之龍盾。「合」，王肅云：「合而載之，以為車蔽也。」黃震云：「盾狹而車廣，一盾不足為衛，故合載之。非止防其破毀也。與二矛重弓意不同。」〔註67〕「觼」，《說文》云：「環之有舌者。」徐鍇云：「言其環形象玦。」通作「觖」。「軜」，毛云：「驂內轡也。」按：此與陰靷之靷不同。彼乃引車之靷，此是控驂之轡。鄭云：「『鋈以觼軜』，軜之觼以白金為飾也。」孔云：「四馬八轡，而經傳皆云六轡，明有二轡當繫之。馬之有轡者，所以制馬之左右，令之隨逐人意。驂馬欲入，則偪於脅驅，內轡不須牽挽，故知軜者納驂內轡，繫於軾前。其繫之處，以白金為觼也。」今按：一車之內，通計轡與革，凡十二條，在手者六皆轡，即服馬內外四轡、驂馬外二轡是也。游環，則總收六轡之皮圈也。繫之車者，其四為革，即脅驅、陰靷各皮二條；其二為驂內轡，即此所謂軜是也。脅驅則繫之衡與軓，靷則繫之於陰板，而軜則繫之於軾者也，各不容混。「邑」，犬丘之邑也。「方」，將也。此溫然之世父，望其在邑，將以何為期乎？按：世父有言曰：「我非殺戎王則不敢入邑。」已而遇虜，故詩人念其入邑之無期也。「胡」，通作「何」，聲之近也。此世父也，胡然我輩念之至是乎？自問之辭。其所以念之之故，至下章始明言之。「厭厭良人，秩秩德音」二語是也。**俴駟孔群**，文韻。**厹**《說文》、豐氏俱本作「叴」。**矛鋈**《說文》作「沃」。**錞**。**蒙伐**《釋文》作「瞂」。**有苑**，叶文韻，於云翻。**虎韔**《釋文》作「暢」。**鏤膺**。蒸韻。**交韔二弓**，叶蒸韻，姑弘翻。**竹閉**《周禮注》、豐氏本俱作「柲」。《儀禮注》作「秘」。**緄縢**。蒸韻。**言念君子，載寢載興**。蒸韻。**厭厭**平聲。《列女傳》作「愔愔」。**良人，秩秩德音**。叶蒸韻，一陵翻。○賦也。承

〔註66〕「字」，四庫本作「在」。
〔註67〕黃震《黃氏日抄》卷四《讀毛詩・龍盾之合》。

上章「龍盾之合，鋈以觼軜」而言。《韓詩》云：「駟馬不著甲曰倵駟。」按：戰馬無不被甲者。此固其未進戰之時也。孔云：「物不和則不得群聚，故美其能甚群，言和調也。」章潢云：「汧、渭，馬之所產也。秦以非子善養馬開國，觀《小戎》所詠，信然。唐張萬歲雲錦成群，非此地乎？今秦隴如故，而苑馬行太僕之所職者，即其事也。而馬政不舉，得非有其地而無其人？抑亦牧之不得其道也？」「厹矛」，毛云：「三隅矛也。」孔云：「刃有三角，蓋相傳為然。」「錞」，《說文》云：「矛戟柲下銅鐏也。」通作「鐓」。孔云：「《曲禮》曰：『進戈者，前其鐏，後其刃。進矛戟者，前其鐓。』是矛之下端當有鐓也。彼注云：『銳底曰鐏，取其鐏地。平底曰鐓，取其鐓地。』則鐓、鐏異物。言鐓為鐏者，取類相明，非訓為鐏也。」「鋈錞」，朱子云：「以白金沃矛之下端平底者也。」毛云：「蒙，討羽也。伐，中干也。」鄭云：「蒙，尨也。討，襍也。畫襍羽之文於伐，故曰尨伐。」孔云：「《夏官·司兵》『掌五盾，各辨其等，以待軍事。』《注》謂『五盾，干櫓之屬，其名未盡聞也』。言『辨其等』，則盾有大小。櫓是大盾，伐為中干。干、伐皆盾之別名也。蒙有襍色，知苑是文貌。」陸化熙云：「厹矛以敵人，蒙伐以自衛。鋈之畫之，俱尚文采之意。」毛云：「虎，虎皮也。韔，弓室也。」陳祥道云：「韔、韜、韇、櫜、鞬，皆弓衣也。《覲禮》言『包干戈以虎皮』，《詩》言『虎韔』，而韔、韇皆從韋，則古之弓衣以皮為之也。」《爾雅》云：「金謂之鏤。」鄭云：「刻金飾也。」孔云：「《弟子職》曰：『執箕膺揭』，則膺是胸也。」《補傳》云：「謂弓室之胸也。言以虎皮為韔，而以金鏤飾其胸也。」嚴粲云：「《傳》以『膺』為『馬帶』，《疏》釋之為『鏤胸之鞶』，即鉤膺也。然《采芑》『鉤膺鞗革』、《崧高》『鉤膺濯濯』、《韓奕》『鉤膺鏤錫』，上下文皆言車馬之飾，則膺當為馬胸之帶。此首言『虎韔』，繼言『鏤膺』，下文又言『交韔二弓，竹閉緄縢』，則皆言弓耳。不得以此鏤膺為彼鉤膺也。」「交韔二弓」，孔云：「交二弓於韔中，謂顛倒安置之。」王安石云：「韔必二弓，如有副馬，以備壞也。」「竹閉」，一名柲，亦作秘。《周禮注》云：「弓檠也。弛則縛之於弓裏，備損傷也，以竹為之。」「緄」，《說文》云：「織帶也。」毛云：「繩也。」「縢」，約也。弓體欲正，故必以竹為閉，象弓之形，納於弓之裏，用繩約之，而後入於韔。即《考工記》所謂「緎」也。陳祥道云：「柲以閉之，故亦謂之閉。緄以繫之，故亦謂之緎。如此則納之韇中，足以定往來之體，祛翩反之病矣。」「載」之言「則」，音之近也。「寢」，寐。「興」，

起也。寢興不忘,念之切也。「厭厭」二句,則所以念之之故也。「厭」,通作「懕」,《說文》云:「安也。」「厭厭」,毛云:「安靜也。」即前章「溫」字意,良善也。「秩」,《說文》云:「積也。」「秩秩德音」,言世父有德之言,不一而足也。敵王所愾,是其忠。復祖父之仇,是其孝。世父秉心,惟以忠孝為歸,故美之曰「厭厭良人」。其所言者,一本於忠孝之言,故贊之曰「秩秩德音」。而茲不幸遇敵失利,至幽囚於板屋之中也,此今日之所以大舉而往救也。朱子云:「襄公報仇所以不自己者,豈忮忿之心哉!乃人倫之正,天理之發,以大義驅其人而戰之也。此襄公所以能用其人而秦人所以樂為之用也。」

《小戎》三章,章十句。《子貢傳》、《申培說》皆謂「襄公遣大夫征戎而勞之」。夫襄公當幽王時,尚為西垂之大夫,未為諸侯也。而所遣者,亦大夫耶?安知其非自將耶?《序》則謂「襄公備兵甲,以討西戎。西戎方彊,而征伐不休。國人則矜其車甲,婦人能閔其君子焉」。朱子本此,遂以為「婦人之詩」。不審深居閨閣者安能知軍容之盛。若此,此不過因篇內有「良人」字,遂意之耳。然《黃鳥》之詩亦稱「良人」,安在其為婦人語耶?又按:先秦之世,良人為君子通稱。《呂氏·紀·序意》曰:「秋甲子朔,朔之日,良人請問十二紀。」《注》亦謂「良人,君子也」。

# 正月

《正月》,大夫刺幽王也。出《序》。○按:《竹書》紀「幽王四年夏六月,隕霜」,即此詩所謂「正月繁霜」者也。篇中有「不自我先」二語,與《瞻卬》篇同,疑亦為凡伯所作。

**正月繁霜**,陽韻。**我心憂傷**。陽韻。**民之訛**《說文》、《讀詩記》俱作「譌」。《石經》、豐氏俱本作「偽」。**言,亦孔之將**。叶陽韻,資良翻。**念我獨兮,憂心京京**。叶陽韻,居良翻。**哀我小心,癙憂以痒**。陽韻。○賦也。「正月」,毛《傳》云:「夏之四月。」鄭玄云:「建巳之月。」按:《左·傳昭十七年》:「夏六月甲戌朔,日有食之。祝史請所用幣。季〔註68〕平子曰:『止也。惟正月朔,慝未作,日有食之,於是乎有伐鼓用幣。其餘則否。』大史曰:『在

---

〔註68〕「季」,底本、四庫本誤作「李」,據《左傳》改。

此月也。當夏四月，是謂孟夏。』」顏師古云：「四月，正陽之月，故謂之正月。」按：周之六月，夏之四月也。孔穎達云：「以大夫所憂，則非當霜之月。若建寅正月，則固有霜矣，不足憂也。」邵寶云：「四月曰正月，十月曰陽月。扶陽抑陰，無所不用其極也。」「繁」，多也。「霜」，凝露也。《大戴禮》云：「霜露，陰陽之氣。陰氣勝則凝而為霜。」劉熙云：「其氣慘獨，物皆喪也。」《解頤新語》云：「或疑四月不應有霜。考之漢武帝元光四年四月，隕霜殺草；晉武帝咸寧九年四月，隕霜殺粟麥。」鄭云：「建巳之月，純陽用事而霜多，急恒寒若之異。」按：《洪範》：「謀時寒若，急恒寒若。」以聽屬金，金主寒，謀者聽之。用急者，謀之反，故有恆寒之異。訛言繁興，王聽不聰之應也。《淮南子》云：「逆天暴物，則日月薄蝕，五星失行，四時於乖，晝冥宵光，山崩川涸，冬雷夏霜。《詩》曰：『正月繁霜，我心憂傷。』天之與人，有以相通也。故國危亡而天文變，世惑亂而虹蜺見，萬物有以相連，精祲有以相蕩也。」「傷」，《說文》云：「痛也。」思其所以致此繁霜之異，厥有縣然，故憂之甚而至於傷。若下文所云是也。「民之訛言」，解見《沔水》篇。「孔」，甚也。「將」者，蘇林云：「甫始之辭。」言訛言方興，其勢甚熾而未有艾也。真德秀云：「以是為非，以非為是，以忠為佞，以佞為忠，此所謂『訛言』也。訛言興，則君子小人易位而邪正混淆，所以致繁霜之災。」「獨」對「眾」言。眾訛成群，而己孤特無與，與第十二章語意相似，非眾皆不憂而己獨憂之說。「京」者，數目之稱。十萬曰億，十億曰兆，十兆曰京，十京曰垓。「京」，京眾也，言所憂多端，蓋不徒為一身憂，而為社稷生民憂也。「瘋」，從鼠，《說文》無此字。毛《傳》以為「病也」。呂氏云：「與『鼠思泣血』文雖小異而義同。」范氏云：「凡物之多畏者，惟鼠為甚，故謂『瘋憂』。」「瘍」、「瘍」同義，頭創也。亦作「瘍」。鼠潛穴內，不敢見人。己之小心畏謹似之。其狀之可哀如此，而念及國家之將亡，則所憂者又不能自己，如皮膚之有瘍，欲不抑搔之而不得也。○**父母生我，胡俾我瘉？**瘝韻。**不自我先，不自我後。**叶瘝韻，後五翻。**好言自口，**叶瘝韻，孔五翻。**莠言自口。**同上。**憂心愈愈，**瘝韻。《爾雅》作「瘐瘐」。**是以有侮。**瘝韻。○賦也。「瘉」，毛云：「病也。」與「交相為瘉」之義同。《說文》以「病瘳」解，非是。嚴粲云：「人窮則呼父母。言父母生我，胡為使我瘉病乎？不出我之前，不居我之後，適當其時，是我生之不幸也。」「好言」者，誇諛之言。「莠」，害苗草也。

「莠言」者，害正之言。曰「自口」者，訛言之人，為譽為毀，惟其口之所出，本非繇中之言，無真實也。「愈」與「愉」同字，於義難通，當依徐鍇作「忝」，《說文》云：「忘也。嘾也。」嘾者，含深也。蓋含憂之深而至於善忘也。「悔」，《說文》云：「傷也。」鄭玄云：「我憂心愈愈然，與譖口者殊塗，為譖言者所疾，是以有此，見侵侮於己也。」首章憂「民之訛言」，猶屬汎詞。至此曰「是以有侮」，則己亦親受其害矣。○**憂心惸惸**，陸德明本作「煢煢」。**念我無祿。**屋韻。**民之無辜，並其臣僕。**叶屋韻，步木翻。**哀我人斯，于何從祿？**見上。**瞻烏爰止，于誰之屋？**韻。○賦也。《周禮注》云：「人無兄弟曰惸。」按：《說文》無「惸」字。《孟子》通作「煢」，《說文》云：「回飛疾也。」於義無取。《集韻》云：「或作惣，憂也。」趙頤光云：「三十斤為惣。從鈞從心。心之重也，憂可知矣。」又，《杕杜》篇「獨行睘睘」，《說文》云：「目驚視也。」陸德明本亦作「煢煢」。古文字音同通用。或又作煢、婷、嬛，其義俱同，然《說文》皆不載。「祿」，《說文》云：「福也。」孔云：「祿名本出於居官。食廩得祿者，是福慶之事，故謂福祐為祿。」無祿，猶言不幸。《左傳》「無祿獻公即世」是也。此承上章「有侮」而言。「辜」，罪也。「並」，相從也。「其」者，將然之辭。「臣僕」，家之賤者。《左傳》：「晉惠公卜男為人臣，女為人妾。」《孝經》云：「治家者不敢侮於臣妾，而況其妻子乎！」「臣」者，事人之通稱。凡己所得役使者，皆謂之臣，故與妾並言，明其賤也。「僕」，給事者。《左傳》云「人有十等，王臣公，公臣大夫，大夫臣士，士臣皂，皂臣輿，輿臣隸，隸臣僚，僚臣僕，僕臣臺」是也。臣僕雖賤稱，然必貴家有之，非謂凡人皆有臣僕。此言無罪之民遭此訛言孔將之世，惴惴莫必其命，將來必盡皆服屬於權門，為其臣僕，庶可自免也。輔廣云：「民指在下之民，人則並上下而言之。」「念我無祿」，傷己之不幸也。「哀我人斯」，將從何人而受祿乎？傷斯人之俱不幸也。然味「于何從祿」之語，則能祿人者必在權門可知，故繼之曰試觀群烏之飛，果止於何人之屋乎？毛云：「富人之屋，烏所集也。」鄭云：「烏止於富人之屋以求食。」愚按：烏以比趨炎附勢者。《禽經》云：「烏向啼背棲。」《管子》云：「烏集之交，初雖相驩，後必相咄。」而招集流亡，亦稱烏合之眾，以烏易合亦易散也。小人趨附情狀類此，故借烏言。所集之屋，則褒姒、虢石父輩是也。舊說以為哀國之將亡，如郭林宗所云「不知『瞻烏爰止，于誰之屋』」者，似非詩意。○瞻彼中

林，侯薪豐本作「新」。侯蒸。韻。民今方殆，視豐本作「視」。天夢夢。叶蒸韻，莫縢翻。豐本作「瞢瞢」。後章同。既克有定，靡人弗勝。叶蒸韻，書蒸翻。有皇上帝，伊誰云憎？蒸韻。○比而賦也。○「中林」，林中也。「侯」，維也。「薪」、「蒸」，解見《無羊》篇。鄭云：「林中大木之處，而維有薪蒸爾，喻朝廷宜有賢者而但聚小人。」愚按：《韓詩外傳》亦如此說。蓋承上烏止誰屋而言，見布滿有位者皆趨炎附勢之徒也。「殆」，危也。徐鍇云：「夢之言蒙也，不明之貌。既克有定」，指天言。「定」者，夢之反。「人」，謂有位之人。「勝」，《說文》云：「任也。」今日小人用事，民方在危殆之中，視天若夢夢不明然者，而究竟天亦有定之日。及其既定，必使登明選公，無不克勝其任，斷不似今日闒冗充位也。一說：「靡人弗勝」，言天非不能勝惡人，特此時天猶未定耳，正深恨惡人之語，如諺所謂「善惡到頭終有報，只爭來早與來遲」之意。「皇」，《說文》云：「大也。」「上帝」，朱子云：「天之神也。」程子云：「以其形體謂之天，以其主宰謂之帝。」「伊」，發語辭。「憎」，惡也。小人固可憎，而使小人在位者，誰實為之？然則上帝當憎惡何人乎？推本用人之人，所以刺王也。○謂山蓋卑，陸本作「庳」。為岡為陵。蒸韻。民之訛豐本作「譌」。言，寧莫之懲。蒸韻。召彼故老，訊之占夢。叶見上章。具曰予聖，誰知烏《孔叢子》作「鳥」。之雌雄。叶蒸韻，如乘翻。○比而賦也。「謂山蓋卑」二句，與「瞻彼中林」二句對看。語曰：「培塿無松柏。」將謂山蓋卑，故美材不生，而其實為高岡，為大陵，非卑也，安在其無嘉植乎？以比國非無賢才，特小人巧肆排擠，或訛之曰無能，或中之以奇禍，人主受其蠱惑，遂謂舉朝無足稱任使者，驁然有輕士大夫之心。下文「予聖之病」正原於此，皆訛言之為也。其空虛人國如是而曾莫之懲創，何哉？《周語》：「衛彪傒曰：『自幽王而天奪之明，使迷亂棄德，而即慆淫。夫周，高山、廣川、大藪也，故能生之良材，而幽王蕩以為魁陵、糞土、溝瀆，其有悛乎？』」正謂此也。「召彼」以下，皆主王言。「訊」，問也。孔云：「愛好鄙碎，共信徵祥，召彼元老宿舊有德者，但問之占夢之事。言其不尚道德，侮慢長老也。」班固云：「惑者不稽諸躬，而忌妖之見，是以詩刺『召彼故老，訊之占夢』。傷其舍本而憂末，不能勝凶咎也。」嚴云：「但問占夢之事，其所問不急也。李義山詩曰：『可憐夜半虛前席，不問蒼生問鬼神。』亦此意。」「具」，通作「俱」，偕也。「予」，代王自予也。「具曰予聖」，意連下文，與上

不相蒙。此非故老之言，乃諂佞小人思以逢王之歡，聊獻諛為固寵地，而王不察，聞其稱神頌聖，遂真謂天下莫己若也。故歎之曰：是皆上章所比集屋之烏，群然為利來者耳，其雌其雄，誰能辨之？鄙其識趣齊等，無以相別也。歐陽修云：「凡禽鳥之雌雄，多以其首尾毛色不同而別之。烏之首尾毛色，雌雄不異，人所難別。」按：《國語》：「鄭桓公問於史伯曰：『周其弊乎？』對曰：『殆於必弊者。《泰誓》曰：民之所欲，天必從之。今王棄高明昭顯而好讒慝暗昧，惡角犀豐盈而近頑童窮固，去和而取同。夫和實生物，同則不繼。以它平它謂之和，故能豐長而物生之。若以同裨同，盡乃棄矣。故先王以土與金、木、水、火襍以成百物。是以和五味以調口，剛四支以衛體，和六律以聰耳，正七體以役心，平八索以成人，建九紀以立純德，合十數以訓百體。出千品，具萬方，計億事，材兆物，收經入，行姟極。故王者居九畡之田，收經入以食兆民，周訓而能用之，和樂如一。夫如是，和之至也。於是乎先王聘后於異姓，求財於有方，擇臣取諫工，而講以多物，務和同也。聲一無聽，物一無文，味一無果，物一不講。王將棄是類而與剸同。天奪之明，欲無弊，得乎？夫虢石父，讒諂巧從之人也。而立以為卿士，與剸同也。棄聘后而立內妾，好窮固也。侏儒戚施，實御在側，近頑童也。周法不昭，而婦言是行，用讒慝也。不建立卿士，而妖試幸措，行暗昧也。是物也不可以久。』」味史伯所言，棄和取同與此詩「具曰予聖」之意殊合，其為刺幽王詩明矣。又按：《呂氏春秋》云：「幽王染於虢公鼓、祭公敦。」鼓即石父名。《孔叢子》云：「子思謂衛君曰：『君之國事將日非矣。』君曰：『何故？』對曰：『有繇然焉。君出言皆自以為是，而卿大夫莫敢矯其非。卿大夫出言亦皆自以為是，而士庶莫敢矯其非。君臣既自賢矣，而群下同聲賢之。賢之則順而有福，矯之則逆而有禍，故使如此。如此，則善安從生？《詩》曰：具曰予聖，誰知烏之雌雄？抑亦似衛之君臣乎？』」○**謂天蓋高，不敢不局。**叶陌韻，居亦翻。《說苑》、陸本俱作「局」。**謂地蓋厚，不敢不蹐。**陌韻。《說文》作「趚」。**維號**豐本作「號」。**斯言，有倫有脊。**陌韻。《春秋繁露》作「跡」。**哀今之人，胡為虺蜴。**陌韻。《鹽鐵論》、《說文》俱作「蜥」。○賦也。「局」，曲也。「蹐」，《說文》云：「小步也。」毛云：「累足也。」鄭云：「局蹐者。天高而有雷霆，地厚而有陷淪，上下皆可畏怖之言也。」王述之云：「言天高，己不敢不曲身危行，恐上觸忌諱也；地厚，己不敢不累足，懼陷於在位之網

羅也。」愚按：此因小人工為訛言而王又聽信之，故畏懼之甚，至於如此。《家語》及《說苑》皆載孔子論《詩》，至於《正月》六章，愓然如懼，曰：「彼不逢時之君子，豈不殆哉？從上依世則道廢，違上離俗則身危。時不興善，己獨絲之，則曰非妖即妄也。故賢者既不遇，恐不終其命焉。桀殺關龍逢，紂殺比干，皆是類也。《詩》曰：『謂天蓋高，不敢不局。謂地蓋厚，不敢不蹐。』此言上下畏罪而無所自容也。」「號」，《說文》云：「呼也。」「斯言」，指訛言者。「倫」，《說文》云：「輩也。」猶類也。「脊」，當依《繁露》通作「迹」，《說文》云：「步處也。」謂人行事之可據者。「虺」，解見《斯干》篇。「蜴」，蟲名。舊皆以為蜥蜴。羅願云：「蜥蜴似蛇而四足，長五六寸，生艸澤中。《爾雅》蠑螈、蜥蜴、蝘蜓、守宮，四名轉相解。至陶隱居以為其類有四種。形大，純黃色者，名蛇醫；其次似蛇醫而小，形長，尾見人不動者，名龍子；小而五色，尾青碧可愛者，名蜥蜴；形小而黑，喜緣牆壁者，名蝘蜓。則與今所見似同。按：《說文》及《字林》及崔豹《古今注》並以蠑螈為蛇醫。而《說文》又云：『在壁曰蝘蜓，在艸曰蜥蜴。』蜥蜴，守宮也。《方言》亦云：『秦、晉、西夏謂之守宮，或謂之蠦，或謂之蜥易。其在澤中者，謂之易蜥。南楚謂之蛇醫，或謂之蠑螈。』按此諸文，則在艸澤名蠑螈、蜥蜴，在牆壁者名蝘蜓、守宮也。」《詩詁》云：「守宮、蜥蜴，二物。蜥蜴尾通於身，如蛇而加足，有黑色者，有青綠色者，常居艸間。守宮，褐色，四足，有尾，偃伏壁間，故名蝘蜓，亦名守宮，常在屋下也。」又，陸璣云：「虺蜴，一名蠑螈蜴也。或謂之蛇醫，如蜥蜴，青綠色，大如指，形狀可惡。」詳陸所言，則虺蜴乃蠑螈之別名，實非二物。未詳孰是。虺蜴之為蟲雖小，以其有毒而能螫人，故以為小人之比。詩人局蹐於訛言之害，故號呼此為訛言者而告之曰：凡以言加人者，必稽於其類，如人之倫輩，灼然難混；附於其事，如人之行步，昭然可數。則是者不可以為非，無者不可以為有，自無所容訛言為矣。哀今之人，胡為肆毒以害人而自同於虺蜴乎？深恨之之詞。又，董仲舒云：「是非之正，取之逆順。逆順之正，取之名號。名號之正，取之天地。天地為名號之大義也。古之聖人謞而效天地謂之號，鳴而命施謂之名。名號異聲而同本，皆鳴號而達天意者也。號凡而略，名詳而目。目者，遍辨其事也。凡者，獨舉其事也。物莫不有凡號，號莫不有散名，事各順於名，名各順於天，天人之際，合而為一。同而通理，動而相益，順而相受，謂之德道。《詩》曰：『維號斯

言，有倫有跡。』此之謂也。」此讀號為去聲，其解又異。○**瞻彼阪田，有菀其特。**職韻。**天之杌我，如不我克。**職韻。**彼求我則，**職韻。**如不我得。**職韻。**執我仇仇，亦不我力。**職韻。○比而賦也。山脅曰阪。鄭云：「阪田，崎嶇墝埆之處。」「菀」，茂也。「特」，朱子云：「特生之苗也。」視彼阪田之苗，菀然而特生，以況己居昏亂之朝，挺然而特立。雖然，地之美者善養禾，君之仁者善養士。彼苗在阪田，亦豈能以其菀終乎？「杌」，《說文》云：「動也。」「我」，詩人自我也。歐陽修云：「曰『天之杌我』者，君子居危，推其命於天也。」下文「執我仇仇」，正所謂「杌我」者。「克」，勝也。朱子云：「『天之杌我』，如恐其不我克，何哉？亦無所歸咎之詞。」「彼」，指王也。「則」，「其則不遠」之「則」。猶言求之以為榜樣。其始求之，惟恐不得，蓋第藉以美觀，非真欲取法之也。鍾惺云：「士居亂世，攢一退位不仕耳。讀此詩乃知亂而可退，猶非亂之至也。」「執」，持。「仇」，讎也。「執我仇仇」，言眾訛朋興，持我之短長以與我為讎者不一其人，即第二章所謂「有侮」是也。「亦不我力」，言不使我得以傚力於國也。《禮記》：「子曰：『大人不親其所賢而信其所賤，民是以親失而教是以煩。《詩》云：『彼求我則，如不我得。執我仇仇，亦不我力。《君陳》曰：未見聖，若己弗克見。既見聖，亦不克繇聖。』」○**心之憂矣，如或結**屑韻。**之。今茲之正，胡然**《大全》作「為」。**厲**叶屑韻，力薛翻。**矣？**豐本作「之」。**燎之方揚，**《漢書》作「陽」。**寧**《漢書》作「能」。**或滅**屑韻。《韻書》作「威」。楊慎云：「當作爕。」**之。赫赫宗周，褒姒威**屑韻，音血。與「滅」字異。《左傳》、《漢書》、《列女傳》俱誤作「滅」。**之。**賦也。孔云：「『心之憂矣』，如有結之者，言憂不離心，如物之纏結也。」愚按：此不為已往之訛言憂，而為孔將之訛言憂。見其勢方盛，其來未已，即下文所謂「燎之方揚，寧或滅之」者，宜其憂之纏綿於心而不可解也。「正」，正月也。「厲」，與「沴」同。當今茲正陽之時，而有繁霜之異，所謂厲也。變不虛生，必於其類，胡然而致此哉？可以推其故矣。「燎」，《說文》云：「放火也。」《尚書》「若火之燎於原」是也。「揚」，舉也。火熄為滅。以水沃之而熄，故其字從水。訛言孔將，一唱眾和，如方當燎原之初，火烈具揚，未易撲滅也。「赫赫」，明盛貌。「宗周」，鎬京也。「褒姒」，幽王之嬖妾，褒國女，姒姓也。《列女傳》云：「褒姒者，童妾之女，周幽王之後也。初，夏之衰也，褒人之神化為二龍，伺於王庭而言曰：『余，

褒之二君也。』夏后卜殺之與去，莫吉。卜請其漦藏之，而吉。乃布幣焉。
龍忽不見，而藏漦櫝中，乃置之郊。至周，莫之敢發也。及周厲王之末，發
而觀之。漦流於庭，不可除也。王使婦人裸而噪之，化為玄蚖，入後宮。宮
之童妾，未毀而〔註69〕遭之，既笄而孕，當宣王之時產，無夫而乳，懼而棄
之。先是有童謠曰：『檿弧箕服，實亡周國。』宣王聞之。後有人夫妻賣檿
弧箕服之器者，王使執而戮之。夫妻夜逃，聞童妾遭棄而夜號，哀而取之，
遂竄於褒。長而美好。褒人姁有獄，獻之以贖。幽王受而嬖之，遂釋褒姁，
故號曰褒姒。既生子伯服，幽王乃廢后申侯之女而立褒姒為后，廢太子宜臼
而立伯服為太子。幽王惑於褒姒，出入與之同乘，不恤國事。驅馳弋獵不時，
以適褒姒之意。飲酒沉湎，倡優在前，以夜繼晝。褒姒不笑，幽王乃欲其笑，
萬端故不笑。幽王為烽燧大鼓，有寇至則舉，諸侯悉至，而無寇，褒姒乃大
笑。幽王欲悅之，數為舉燧火。其後不信，諸侯不至。忠諫者誅，唯褒姒言
是從，上下相諛，百姓乖離。申侯乃與繒、西夷犬戎共攻幽王。幽王舉烽燧
徵兵，莫至，遂殺幽王於驪山之下，虜褒姒，盡取周賂而去。於是諸侯乃即
申侯而共立故太子宜臼，是為平王。自是之後，周與諸侯無異。《詩》云：
『赫赫宗周，褒姒滅之。』此之謂也。」「威」，義即「滅」，而字與「滅」
異，從火從戌。許慎云：「火死於戌，陽氣至戌而盡。」朱子云：「時宗周未
滅，以褒姒淫妒讒諂而王惑之，知其必滅周也。」歐陽修云：「上七章皆述
王信讒言亂政，至此始言滅周主於褒姒，謂王溺女色而致昏惑，推其禍亂之
本以歸罪也。」孫鑛云：「『威之』二字點得煞然險峻，此必作未然說方有味。」
按：史蘇謂「褒姒與虢石父比，逐太子宜臼」，而《史記》亦稱「石父為人
佞巧，善諛好利，王以為卿用事，國人咸怨」。然則訛言之禍，即二孽所為。
蓋主之者褒姒，翼之者石父，宜詩人之推本於是也。又，《左·昭元年》：「楚
令尹子圍〔註70〕享趙孟。事畢，趙孟謂叔向曰：『令尹自以為王矣，何如？』
對曰：『王弱，令尹彊，其可哉？雖可不終。』趙孟曰：『何故？』對曰：『彊
以克弱而安之，彊不義也。不義而彊，其斃必速。《詩》曰：赫赫宗周，褒
姒滅之。彊不義也。』」此解「赫赫」又異。〇**終其永懷，又窘陰雨。**叶夔
韻。**其車既載，乃棄爾輔。**叶夔韻。**載輸爾載，將伯助予。**叶夔韻，

〔註69〕「而」，四庫本作「齒」。
〔註70〕「圍」，《左傳·昭元年》作「圍」。

—974—

讀如雨，王矩翻。郭忠恕云：「予本無余音，後人讀之也。」○賦而比也。
「終其永懷」，承上「褎姒威之」言。周雖未滅亡，然其勢不滅亡不止，有
深識遠慮者已當永思其終矣，況又迫於強臣跋扈、戎狄薦窺之時乎！「窘」，
《說文》云：「迫也。」朱子云：「陰雨則泥濘，而車易以陷。」按：《鄭語》：
「史伯云：『申、繒、西戎方強，王室方騷，將以縱慾，不亦難乎？王欲殺
太子以成伯服，必求之申，申人弗畀，必伐之。若伐申，而繒與西戎會以伐
周，周不守矣。繒與西戎方將德申，申、呂方強，其隩愛太子，亦必可知也。
王師若在，其救之亦必然矣。王心怒矣，虢公從矣，凡周存亡，不三稔矣。』」
據此所言申、繒、西戎皆將合力以與周為難，即此詩所云「陰雨」也。「其
車既載」，言此車載物既當此陰雨之時，甚可懼也。鄭云：「以車之載物喻王
之任國事也，棄輔喻遠賢也。」孔云：「《考工記》，車人為車，不言作輔。
此云『乃棄爾輔』，則輔是可解脫之物。蓋如今人縛杖於輻，以防輔車也。」
張文潛云：「輔之為物，有功於車，而非車也。考一車之物，而輔不與焉。
然正六轡，謹輪輻，僕在前，馬伏軛，而輔不至，則車不安，登險而憂傾，
涉淖而憂濡，視車中之載，如寄物焉。天下之物，固有不相有而相須，不同
城而相成者，豈獨輔也哉？」「載」，即「既載」之「載」，與下「輸」字連
讀。「輸」，通作「渝」，變也。《左氏春秋》「鄭人來渝平」，《公羊》作「輸」。
二字以音同通用。《傳》解「輸」為「墮」。今按：「輸」，委輸也，以車運物，
與「載」同意。訓「墮」似難通。特「載輸」二字不應並言，故當通作「渝」。
《尚書》云：「若乘舟，汝弗濟，臭厥載。」《注》謂「乘舟者久而不濟，必
至敗壞其所資」。「載輸」之謂也。蓋遇雨而又棄輔，則車將有泥陷之患而不
得行，故所載之物必至臭敗。而此臭敗者，非他人之載，乃爾之載，得無惜
乎？「將」，毛《傳》云：「請也。」蓋請辭也。「伯」，長也。以望助於彼，
因尊稱之為伯。曰「助予」者，代王自言也。及夫爾載既輸之時，然後呼請
長者而告之曰：試助我為出此載於泥塗。嗟何及矣！詩人逆知周之必亡，而
此懷不能自己，冀其任賢自輔，庶幾挽回萬一，毋終任其傾覆而不可救也。
王氏云：「如唐太宗敗於高麗，乃思郭元振。玄宗蒙塵入蜀，乃思張九齡。
不用而思之，亦晚矣。」○**無棄爾輔，員于爾輻。**叶職韻，筆力翻。**屢**
陸本作「婁」。**顧爾僕，不輸爾載。**叶職韻，節力翻。**終踰絕險，曾是
不意。**叶職韻，乙力翻。《文中子》作「億」。○比也。反應上章而言。「無

棄爾輔」二句，與「其車既載，乃棄爾輔」相應。「屢顧爾僕」二句，與「載
輸爾載，將伯助予」相應。「終踰絕險」二句，與「終其永懷，又窘陰雨」
相應。「員」，即「方員」之「員」，通作「圓」。「員于爾輻」，蓋言輪也。輪
之柵名輻，其心名轂。轂中虛而容軸，輻三十枝以實輪而湊轂。其包於轂外
者名輞，所以為員也。合是三者，總名為輪。故《考工記》云：「望而眡其
輪，欲其幀爾而下迆也。進而視之，欲其微至也。無所取之，取諸圜也。」
舊訓「員」為「益」，未是。輪、輻皆車中所有，所以喻政。輔則車外之物，
所以喻賢。「無棄爾輔」，以防傾跌，則爾輻有員轉之利。雖有陰雨，而所載
者自不至於輸矣。「屢」，數也。「顧」，猶視也。「僕」，將車者也。俱見鄭《箋》。
愚按：「爾僕」以比當時用事者，即虢石父輩是也。棄爾輔而不用，試屢顧
爾將車之僕，果能不渝爾之載否乎？「終」，即「終其永懷」之「終」。「踰」，
《說文》云：「越也。」鄭云：「終是用踰度陷絕之險，女不曾以是為意乎？」
嚴云：「奈何終踰絕險，曾不以為意，而覆敗必矣。」蔣悌生云：「此二章復
借驅車以明救亂之道，惓惓然憂君愛國之誠，有不忍恝然之意。此詩之所以
為厚也。」文中子游馬頰之谷，遂至牛首之溪，登降信宿，從者樂。竇威進
曰：「聞朝廷有召子議矣。」子曰：「彼求我則，如不我得。執我仇仇，亦不
我力。」姚義曰：「其車既載，乃棄爾輔。」竇威曰：「終踰絕險，曾是不億。」
子喟然，遂歌《正月》終焉。既而曰：「不可為矣。」○**魚在于沼**，叶嘯
韻，之少翻。**亦匪克樂。**叶嘯韻，力炤翻。亦叶藥韻，歷各翻。**潛雖伏
矣，亦孔之炤**〔註71〕。嘯韻。亦叶藥韻，職略翻。《中庸》、豐本俱作「昭」。
**憂心慘慘**，叶藥韻，七各翻。豐本作「懆懆」。**念國之為虐。**藥韻。亦叶
嘯韻，宜炤翻。○比而賦也。「沼」者，池之別名。一云：圓曰池，曲曰沼。
魚，相忘於江湖者也，今乃在於池沼之中，其生已蹙，云胡能樂？以比小人
之在危朝，雖侈然肆志，然國事日非，其樂必不能久，猶處堂燕雀之意。「潛」，
《爾雅》云：「深也。」「伏」，匿。「孔」，甚。「炤」，明也。此二句亦指魚
言。魚雖匿於水之深處，而其形狀亦甚炤然而易見，以比群小立朝，總之以
害人為事，雖藏機不露，而其念慮所存，人無有不知之者，即下文言「為虐」
是也。故《中庸》引此而申之曰：「君子內省不疚，無惡於志，君子之所不

---

〔註71〕「炤」，底本作「昭」，據四庫本改。因下有「《中庸》、豐本俱作『昭』」，且
　　　　正文中正作「炤」。

可及者，其惟人之所不見乎？」「慘」，《說文》云：「毒也。」《爾雅》云：
「憂也。」「慘慘」，毛云：「猶戚戚也。」「虐」，《說文》云：「殘也。」我所
以憂心慘慘然愁戚者，惟念舉國相率為虺蜴之事，其肆毒於人未已耳。○**彼
有旨酒**，叶筱韻，子小翻。**又有嘉殽。**叶筱韻，下了切。陸本作「肴」。
豐本改「嘉殽」二字作「肴烝」，偽也。**洽**《左傳》作「協」。**比其鄰，昏
姻**豐本作「婣」。**孔云。**文韻。陸本作「員」。**念我獨兮，憂心慇慇。**文
韻。《爾雅》、豐本俱作「殷殷」。○賦也。「彼」，嚴云：「小人也。」「旨」、
「嘉」，皆美也。「殽」，通作「肴」，《廣韻》云：「凡非穀而食曰肴。」又，
《曲禮注》云：「熟肉有骨曰肴。」「洽」，《說文》云：「霑也。」「比」，《說
文》云：「密也。二人為從，反從為比。」相與周密也。五家為鄰。據《左
傳》則以為指兄弟，蓋會意耳。「云」，毛《傳》以為「旋也」。按：「云」，即
古「雲」字。陸佃云：「象周旋盤薄之形，故云旋也。」此以形訓。林堯叟
云：「猶言旋，旋歸之。」「慇」，《說文》云：「痛也。」曰「京京」、曰「愈
愈」、曰「惇惇」、曰「慘慘」、曰「慇慇」，重文迭見，總見其所憂之無已也。
承上章言。我心雖憂，小人則樂。彼有旨酒，又有嘉殽，與其鄰近之人霑洽
親比，而瑣瑣姻亞之輩亦甚相與迴旋而歸之。獨我孤特無侶，而不禁其慇慇
然憂之痛也。《左·僖二十二年》：「富辰言於王曰：『請召大叔。《詩》曰：
協比其鄰，昏姻孔云。吾兄弟之不協，焉能怨諸侯之不睦？』王說。王子帶
自齊復歸於京師，王召之也。」又，襄二十九年，「晉平公，杞出也，故治
杞。六月，知悼子合諸侯之大夫以城杞。衛大叔文子曰：『甚哉，其城杞也！』
鄭子大叔曰：『若之何哉？晉國不恤宗周之闕，而夏肆是屏。其棄諸姬，亦
可知也已。諸姬是棄，其誰歸之？吉也聞之，棄同即異，是謂離德。《詩》曰：
協比其鄰，昏姻孔云。晉不鄰矣，其誰云之？』」合觀此可以識「洽比」二句
之義。李氏云：「昔人有言曰：『燕雀處堂，母子相安，自以為樂也。突決棟
焚，而母子恬然不知禍之將至也。』今國勢如此，而小人徒乃群居飲酒以相
樂，殆燕雀之類也。」〔註72〕愚按：首章念我獨兮之獨，對眾訛而言。此章
念我獨兮之獨，對眾樂而言，正所謂人皆不憂而己獨憂者也。○**佌佌**「佌」，
《爾雅》、《說文》豐本皆作「個」，斯氏翻。**彼有屋**，韻。**蔌蔌**《後漢書》、
豐本俱作「速速」。《爾雅》、韓詩同。**方有穀。**屋韻。《後漢書》、《韓詩》、

---

〔註72〕見《呂氏家塾讀詩記》卷二十、《段氏毛詩集解》卷十九。

豐本俱作「穀」。又，陸本「方有穀」作「方穀」，無「有」字，云：「或作『方有穀』，非也。」**民今之無祿**，屋韻。天夭《後漢書》、《韓詩》、豐本俱作「夭夭」。**是椓**。叶屋韻，丁木翻。**哿矣富人，哀此惸**《孟子》作「煢」。《楚辭章句》、陸本俱作「煢」。**獨**。屋韻。○賦也。「俁」，《說文》作「佪」，云：「小貌」，字「從人從囟」。趙頤光云：「囟為小兒頭，故從囟。」「彼」，亦彼小人也。《爾雅》：「菜謂之蔌」。考《說文》無「蔌」字，有「蘸」字，云：「鼎實，惟葦及蒲。陳留人謂之鍵。」通作「餗」。《周禮‧醢人》：「糝食。」《注》：「菜餗也。」今按：《韓奕》之詩云：「其蔌維何？維筍及蒲。」其語與《說文》合，則「蔌」、「蘸」同字，信矣。「穀」，祿也。言彼小人同類，互相汲引，向之所鄙為俁俁然瑣小者今且有華屋以為居，向之所食惟能具菜餗者今且有厚祿以為養，不特旨酒嘉殽相呼召而已。重言「俁俁」、「蔌蔌」者，見小人之眾也。「夭」，通作「妖」，短折也。《商書‧彤日》篇云：「非天夭民，民中絕命。」正與此「天夭」同義。「是」，指小人言。「椓」，通作「㩻」，《說文》云：「擊也。」孔云：「如椓杙之椓，謂打之也。」言民何不幸而生於今之時乎！然斯人之惡貫已盈，而天怒亦將及矣，行且從而夭折之，必盡是群類而椓擊之也。張衡《應間》云：「利端始萌，害漸亦芽。速速方穀，夭夭亦加。欲豐其屋，乃蔀其家。」意正如此。獨以「天夭」為「夭夭」，則傳寫之訛耳。「哿」，《說文》云：「可也。」一云嘉也。言天之所以怒是人，何哉？以為此輩有屋有穀，儼然富人，其於自為封植計，誠可矣。獨哀此煢獨之人，無辜受其荼毒耳，得不速夭椓之為快乎？蓋恨之之深，姑託言於天以恐懼之。然天意誠亦有在於此，是以《孟子》言文王發政施仁，必先鰥寡孤獨，而引此詩以為證也。季本云：「此詩憤世嫉邪，不避忌諱，忠於國而不顧其力者。自險艱之世言之，鮮有不蒙危禍者矣。然而敢於直言如此類者，皆得免焉，豈非先王立采詩之官正欲得人憤鬱之情，以觀國政之有闕，言雖誹謗，而不以為尤，故凡情之不得伸者，皆欲因詩而達，此文、武之澤所以沒世而不忘也。殺諫臣之事，至春秋始有之，然後有誹謗之誅矣。孔子謂『邦無道，危行言遜』，其有感於此與？史載厲王使衛巫監謗，得謗者而殺之。厲固虐君也，不可以常理論。」

《正月》十三章，八章章八句，五章章六句。《子貢傳》以為「西周喪道，大夫傷之」，《申培說》亦謂「周室喪亂，大夫傷之而作是詩」，皆不

顯其世。朱子引「或說曰：此東遷後詩也」。時宗周已滅矣，其言「褒姒滅之」，有監戒之意，而無憂懼之情。劉公瑾深然之，謂「使宗周未滅，褒姒方寵，則詩人之言未應指斥如是」。然滅、威原不同字，愚但據《竹書》「隕霜」之事在幽王四年六月，與此詩合，故定從《序》說云。

# 瞻卬

《瞻卬》，凡伯刺幽王大壞也。出子夏《序》。其原在嬖褒姒以致亂。凡伯作《板》詩在厲王末。歷共和攝政十二年，宣王在位四十六年，至幽王三年，嬖褒姒。八年，立伯服。九年，王室始騷。中間相距六十餘年。此詩之作，在幽王時，計凡伯當為八九十歲間人矣。老臣見國事之非，日甚一日，不避禍怨憤激而言，故《序》於此詩及《召旻》皆以為「刺大壞也」。合《正月》、《小旻》，四詩疑皆為凡伯所作。詩中語意俱互為出入，見幽王之時，褒姒擅權於內，皇父、石父之輩朋應於外，所用者小人，所信者讒言，所任者刑罰，所事者尅剝，飢饉薦臻，戎狄窺伺，馴致驪山之禍，非大壞而何？

瞻卬豐氏本作「仰」。昊天，則不我惠。霽韻。孔填不寧，降此大厲。霽韻。邦靡有定，士民其瘵。卦韻。亦叶霽韻，子例翻。孟陸德明本作「蟊」。下同。賊孟疾，叶實韻，秦二翻。靡有夷屆。卦韻。亦叶實韻，居吏翻。又叶霽韻，居例翻。罪豐本作「辠」。罟不收，尤韻。靡有夷瘳。尤韻。○賦也。舉首而視曰瞻，傾首而望曰卬。說見《雲漢》篇。「昊天」，孔安國云：「元氣昊然廣大。」「惠」者，仁愛之意。朱子云：「首言昊天不惠，無所歸咎之辭也。」「孔」，甚也。「填」，《說文》云：「塞也。」「寧」，通作「窴」，安也。甚填塞不安寧之事，言其多也。「降」，《說文》云：「下也。」「厲」，猶危也。義見《桑柔》篇。「瘵」，《爾雅》、《說文》皆云：「病也。」下文言「孟賊孟疾，靡有夷屆」，正「孔填不寧」之實。食苗根者曰孟，解見《大田》篇。「孟賊」，言如孟之為苗賊，以比當時用事者，如尹皇父、虢石父〔註73〕輩是也。賊自外至，故《桑柔》之詩刺厲王用小人亦曰「降此孟賊」也。「孟疾」，言如孟之為苗疾。疾自內生，則指褒姒耳。「靡」之言「無」，音之轉也。「夷」，《說文》云：「平也。」猶云稍稍衰息也。「屆」，《說文》云：「極也。」「罪罟」，毛云：「設罪以為罟。」孔云：「謂多立科條，使人易

---

〔註73〕「尹皇父、虢石父」，四庫本作「尹氏皇父、石父」。

犯，若設網以待鳥獸，是以謂之罟。」愚按：此斥「蟊賊蟊疾」之人言。「收」，《說文》云：「捕也。」「瘳」，《說文》云：「疾瘉也。」徐鍇云：「忽愈，若抽去之也。」言此內外之蟊相煽為害，無有平夷止極之時，譬如張設羅網以陷人於罪，若不急加收捕，則士民之病亦無有平夷瘳愈之時也。甚恨之之辭。○人有土田，先韻。亦叶真韻，他因翻。女音汝。後同。反有叶宥韻，于救翻。之。人有民人，真韻。亦叶先韻，如延翻。女覆奪曷韻。之。此宜無罪，與下罪相應為韻。女反收叶宥韻，舒救翻。之。彼宜有罪，女《潛夫論》作「汝」。覆《後漢書》、《潛夫論》俱作「反」。說叶曷韻，他活翻。《後漢書》、《潛夫論》俱作「脫」。之。分章依朱《傳》。按：此章四段八句，每段上句各隔一句、下句各隔四句用韻，又轆轤之變體。○賦也。此章指言罪罟之實。蓋以刑罰為陷阱，而後從而侵牟奪取之，所以成其為蟊也。土田、人民乃諸侯卿大夫所有，無罪、有罪則兼括士民而言。彼淫刑以逞，惟賄是求，其待諸侯卿大夫已如此矣，又何有於士民乎！宜其刑宥之顛倒也。「女」，通指「蟊賊蟊疾」兩輩人也。「反」者，對「正」之稱。凡事之不當然而然者，則謂之反，怪之之辭也。「覆」，鄭云：「猶反也。」「奪」，猶攘也。按：董仲舒云：「周室之衰，其卿大夫緩於義而急於利，亡推讓之風，而有爭田之訟，則土田之為他人有者多矣。《正月》之詩曰：『民之無辜，並其臣僕。』則民人之為他人奪者多矣。」「收」，與上章義同。「說」，通作「挩」，《說文》云：「解挩也。」周昌年云：「取非其有者，其貪之本謀也。出入人罪，正所以行其貪，重在收無罪上。言說有罪，只以見其獨及無辜之人耳。」王符云：「先王之制刑法也，非好傷人肌膚，斷人壽命者也。乃以威奸懲惡，除民害也。天下本以民不能相治，故為立王者以統治之，在於奉天威命，共行賞罰，故《經》稱『天罰有罪，五刑五用』，《詩》刺『彼宜有罪，汝反脫之。』哲陸本作「詰」。後同。夫成城，哲婦傾豐本作「頃」。城。城、城相應為韻。毛、鄭本以「人有土田」至此為第二章。懿厥哲《漢書》作「恧」。婦，為梟為鴟。支韻。婦有長舌，維厲之階。叶支韻，堅夷翻。亂《漢書》引此句無「亂」字。匪降自天，先韻。亦叶真韻，汀因翻。生自婦人。真韻。亦叶先韻，見第二章。○賦也。此章斥蟊疾也。有蟊疾主於內，而後蟊賊得肆於外，故先言之。「哲」，《說文》云：「智也。」「夫婦」，非伉儷之謂，即男子婦人之目耳。「成城」，猶所謂眾心成城者。「傾」，《說文》云：「仄也。」物仄則覆，故朱《傳》又以為「覆也」。「傾

城」，猶所謂「壞汝萬里長城」者。上之賢臣有才智，多謀慮，足以擁衛國家，猶如城然。而王所嬖寵之婦，心不利其所為，必逞其才智，百計以傾陷之，使不得安其位，所謂「傾城」也。後章言「人之云亡」指此。哲夫退則孟賊進矣，故下文又以「梟鴟」目之。孫鑛云：「豔妻意淺，哲婦意精。說到哲處，可謂透入骨髓。」一說：鄭云：「城，猶國也。」歐陽修云：「士多才智，為謀慮，則能興人之國。婦有才智者，干外事，則傾敗人之國。」亦通。《晏子春秋》云：「翟王子羨臣於景公以重駕，公觀之而不說也。嬖人嬰子說之，因為之請曰：『厚祿之。』公許諾。晏子起病而見公，公曰：『翟王子羨之駕，寡人甚說之，是欲祿之以萬鍾，其足乎？』對曰：『昔衛士東野之駕也，公說之，嬰子不說。公曰不說，遂不觀。今翟王子羨之駕也，公不說，嬰子說，公因說之。為請，公許之，則是婦人為制也。且賢良廢滅，孤寡不振，而聽嬖妾以祿御夫以蓄怨，與民為讎之道也。《詩》曰：哲夫成城，哲婦傾城。今君不思成城之求，而惟傾城之務，國之亡日至矣。』公曰：『善。』」「懿」，《說文》云：「專久而美也。」「厥」，鄭云：「其也。」「懿厥哲婦」，顏師古云：「言幽王以哲婦為美也。」愚按：言「懿厥」者，即鍾愛之意。「梟」，土梟也。羅願云：「梟穴土以居，故曰土梟。傴伏其子，百日而長。羽翼既成，食母而飛。蓋稍長從母殺食，母無以應，於是而死。黃帝欲絕其類，使百吏祠皆用之。今人養以致鳥。《後漢・五行志》稱眾鳥之性，見非常斑駁，好聚觀之，至於小爵希見梟者，暴見尤聚。」「鴟」，怪鴟，即鵂鶹也，亦名鴟鵂。與鴟鴞不同。彼但名鴞，以其為鴟屬，故謂之鴟鴞耳。陸佃云：「一名隻狐，晝無所見，夜即飛啖蚊虻，《莊子》所謂『鴟鵂夜撮蚤，察豪末，晝出瞋目而不見丘山』者。其鳴即雨，為圖可以聚眾鳥。」〔註74〕愚按：察羅、陸所說，可以識詩人引喻之意。梟、鴟皆惡鳥，而能致眾禽，以比幽王惟鍾愛褒姒，故群小皆來集聚之也。舊說但取譬惡聲，似未盡。「舌」，所以言者。「長舌」，非指褒姒自言，蓋謂言出而人皆附和而奉行之，則其長孰甚焉。「厲」，即首章「降此大厲」之「厲」。「階」，《說文》云：「陛也。」曹氏云：「自下而上，以漸而升也。」丁奉云：「婦有長舌，其自此詩創言乎？然亦《泰〔註75〕誓》『牝雞之晨』之遺旨也。夫謂『維厲之階』者，幽王之厲夥

---

〔註74〕按：出《埤雅》卷七《釋鳥・鴟鵂》，「其鳴即雨，為圖可以聚眾鳥」在「一名隻狐」之前。

〔註75〕「泰」，四庫本作「秦」。按：「牝雞之晨」出《尚書・牧誓》。

甚矣。申后黜而太子廢,家厲也。小人盛而刑獄繁,國厲也。諸侯畔而夷狄侵,天下厲也。三川竭而岐山崩,天地厲也。凡此之厲,皆從婦之一舌以為階。《小雅》曰:『赫赫宗周,襃姒滅之。』而不言其所以滅。然則所以滅者,此舌耶?」「亂」,謂朝政紊亂也。政事人所自作,豈從天而下而莫尸其咎者哉?實繇此婦人而已。然則向所云「降此大厲」,亦無可奈何而歸咎於天之辭。其實致厲固有階,天不任受過也。○**匪教匪誨**,叶寘韻,胡位翻。**時維婦寺**。寘韻。毛、鄭以「懿厥哲婦」至此,朱《傳》以「哲夫成城」至此為第三章。**鞫**《說文》作「鞫」。**人忮**《說文》作「伎」。**忒**,職韻。**譖**陸本作「僭」。**始竟背**。叶職韻,必墨翻。**豈曰不極**?職韻。**伊胡為慝**。職韻。**如賈**音古。**三倍,君子是識**。職韻。**婦無公事,休其蠶織**。職韻。毛、朱諸本皆以「鞫人」至此為第四章。○賦也。此章斥孟賊也。「孟賊」與「孟疾」互相表裏,以恣其攘擾之謀,於是乎有罪者挩,無罪者收,而有土田、奪人民之事紛然接踵矣。「教」,導。「誨」,曉也。皆施之自上者。「婦」,斥襃姒,即上文云「哲婦」也。「寺」,《說文》云:「廷也。」有法度者也。故字從寸。《左傳疏》云:「庭有法度,令官所止,皆曰寺。」劉熙云:「寺者,嗣也。治事者相嗣續於其內也。」承上章言襃姒為王寵愛如此,故一時承望風旨者皆不知有王之教誨,而惟襃姒之言是依,其所從出法度之庭,雖有吏存焉,猶無吏也,謂之是惟婦人之寺焉可也。「鞫人」以下乃道其實。一說:朱子云:「寺,奄人也。婦人與奄人,二者常相倚而為奸。歐陽公嘗言『宦者之禍,甚於女寵』,其言尤為深切。有國家者,可不戒哉?」孔云:「奄人防守門閤,親近人主。庸君以其少小貫習,朝夕給使,顧訪無猜憚之心,恩狎有可說之色。且其人久處宮掖,頗曉舊章;常近床笫,探知主意。或乃色和貌厚,挾術懷奸;或乃捷對敏才,飾巧亂實。於是邪正並行,情貌相越,遂能迷罔視聽,謂其智足匡時,忠能輔國,信而使之,親而任之,國之滅亡,多繇此作。」鄒胤忠云:「《周禮》:『寺人掌女官之戒。』其酒人、漿人、籩人、醢人、舂人、槀人之屬皆與女奚為類。內司服、縫人至與女御、女工共事,則其相倚為奸利固易耳。此言婦而兼及寺也。」愚按:此說亦通。但以上下俱無言及寺人之事,而幽王之時,寺人亂政,史亦未有聞者,故定主前說。「鞫」,《說文》云:「窮理罪人也。」徐鍇云:「以言鞫之也。」「忮」,當依《說文》通作「伎」,云:「與也。」「忒」,《說文》云:「更也。」毛《傳》云:「變也。」言此孟賊之輩奉命鞫獄,惟與其能更變辭說,以誣陷人於罪者,下文所云「譖始竟背」

是也。一說：忮如字，《說文》云：「恨也。」毛《傳》云：「害也。」曰「忮
忒」者，朱子云：「言其心忮害而變詐無常。」亦通「譖」，《說文》云：「愬
也。」誣告之也。「譖」者，簪也。若簪之著物切至也。樂曲盡為竟，故有終
之義。反面為背，故有反之義。「極」者，屋脊之棟，故有中之義。「伊」，發
語辭。「胡」之言「何」，音之轉也。《說文》無「慝」字，當通作「匿」，陰奸
也。義見《民勞》篇。言譖人之人，其始所譖之說如此，而其終乃與之相反，
斯其虛偽灼然。彼鞫獄者豈曰不可即是而得其中正之理乎？乃藏匿奸惡於心，
若將有所圖者，何也？總之，外內呼應，皆為貪心所使，以為不忮忒則不足
以羅織無罪者為有罪，而攫其土田民人之屬耳。居貨曰賈。蓋坐賣以待售者。
物相二曰倍。孔云：「利之多少，其數無常，必以三倍為言者，以三是三才之
數，數之小成，故舉以言焉。」「君子」，有位之稱，指孟賊輩也。「婦」，指褒
姒。「公事」，官府之事。「休」，《說文》云：「息止也。」鄭云：「婦人無與外
政，雖王后猶以蠶織為事。古者，天子、諸侯必有公桑蠶室，近川而為之，築
宮仞有三尺，棘牆而外閉之。及大昕之朝，君皮弁素積，卜三宮之夫人、世婦
之吉者，使入蠶於蠶室，奉種浴於川，桑於公桑，風戾以食之歲既單矣，世婦
卒蠶，奉繭以示於君，遂獻繭於夫人。夫人曰：『此所以為君服與？』遂副褘
而受之，少牢以禮之。及良日，后、夫人繰，三盆手，遂布於三宮。夫人、世
婦之吉者使繰，遂朱綠之，玄黃之，以為黼黻文章。服既成矣，君服之，以祀
先王先公，敬之至也。」劉向云：「婦人以織績為公事者也，休之非禮也。」
嚴云：「商賈有三倍之利，賤丈夫之所為，而君子反知之。婦人不宜與外事，
今乃休其蠶桑織紝之事，而與朝廷之事，皆非其宜也。」愚按：「如賈三倍」，
刺鬻獄者坐而網利也，所謂「孟賊」也。「休其蠶織」，刺內外相關通而王不能
制也，所謂「孟疾」也。《十月之交》歸咎皇父，外則番聚蹶楀，布列要津；
內則豔妻驕扇，日以不臧。《國語》：史伯策周之必敝，曰：「先王聘后於異姓，
求財於有方，擇臣於諫工，而講以多物。王將棄是類而與剸同，天奪之明，欲
無弊，得乎？夫虢石父，讒諂巧從之人也。而立以為卿士，與剸同也。棄聘後
而立內妾，好窮固也。侏儒戚施，實御在側，近頑童也。周法不昭，而婦言是
行，用讒慝也。不建立卿士，而妖試幸措，行暗昧也。」可與此詩互證。○
**天何以剌？**眞韻。**何神不富？**叶眞韻，香義翻。**舍**音捨。**爾介狄**，《說
文》作「逖」。**維予胥忌。**眞韻。**不弔不祥**，陽韻。**威儀不類。**眞韻。
**人之云亡**，陽韻。**邦國殄瘁。**眞韻。《漢書》作「領」。○賦也。「剌」，《說

文》云:「直傷也。」總承前三章言。天何以直傷良善而使受罪罟之毒乎?為其療之士民歎也。既言「天」、又變言「神」者,盈天地之間,惟神而已矣。孔云:「亞前為勢,故『何』在『神』上。」言何故神不以富予此君子、婦人,而使之網利為罠無已乎?蓋深惡孟賊孟疾者,而又歸咎於神也。「舍」,通作「捨」,《說文》云:「釋也。」「爾」,指王也。「介」,猶擯介之介。古者主有擯,客有介。《禮》云「七介以相見」、《孔叢子》云「士無介不見」是也。「狄」,汎指夷狄,非專指北狄也。言此「孟賊孟疾」輩日惟以求富為事,彼非忠於上者,其心皆已捨置王矣。而據其所為,勢必能招夷狄之來,若為之擯介然。《國語》:「史伯云:『申、繒、西戎方強,王室方騷,將以縱慾,不亦難乎?』」此所謂「介狄」者也。萬時華云:「『介狄』一語,驪山之禍已逆睹之矣。」「予」,凡伯自謂也。「胥」,《爾雅》云:「皆也。」當通作「諝」,《說文》云:「通也。」「忌」,《說文》云:「憎惡也。」言我時出正言以相規戒,則此輩皆胥以我為憎惡也。「弔」,猶憫也。「祥」,《說文》云:「善也。」「不弔」,謂所存無仁心。「不祥」,謂所行無善事。皆指「孟賊孟疾」輩也。外言不入,內言不出,則有威可畏,有儀可象。今也內外交通,曾無嫌限,成何威儀乎?「不類」,言與尋常不相類,甚怪之之辭也。「人」,汎指朝中之賢臣。「亡」,《說文》云:「逃也。」「邦國」,天下之通稱。「殄」,《說文》云:「盡也。」《說文》無「瘁」字,當依《漢書》通作「頦」。徐鍇云:「勞苦見於貌也。」朝中賢士見幾而作,既皆曰奔亡矣,則任群孟之橫行,將孰與救正之?勢不至使天下之邦國盡皆顇頦不止矣。按:《周書·文侯之命》篇云:「閔予小子嗣,造天丕愆,殄資澤於下民,侵戎我國家純。即我御事,罔或耆壽俊在厥服。」與此詩所言一一吻合。《韓詩外傳》云:「《易》曰:『困於石,據於蒺藜。』此言困而不見據賢人者也。昔者秦繆公困於殽,疾據五羖大夫、蹇叔、公孫支而小霸;晉文困於驪氏,疾據咎犯、趙衰、介子推而遂為君;越王句踐困於會稽,疾據范蠡、大夫種而霸南國;齊桓公困於長勺,疾據管仲、寧戚、隰朋而匡天下。此皆困而知疾據賢人者也。夫困而不知疾據賢人而不亡者,未嘗有之也。《詩》曰:『人之云亡,邦國殄瘁。』無善人之謂也。」《左·文六年》:「秦伯任好卒,以三良為殉。君子曰:『秦繆之不為盟主也,宜哉!《詩》曰:人之云亡,邦國殄瘁。無善人之謂。若之何奪之?古之王者,知命之不長,是以並建聖哲,樹之風聲,分之采物,著之話言,為之律度,陳之藝極,引之表儀,予之法則,告之訓典,教之防利,委之常秩,道之以禮,則使毋失其土宜,眾隸賴

之，而後即命。聖王同之。』」○**天之降罔**，叶陽韻，武方翻。**維其優**尤韻。**矣。人之云亡**，陽韻。**心之憂**尤韻。**矣。天之降罔**，見上。**維其幾**叶支韻，讀如饑，居宜翻。**矣。人之云亡**，見上。**心之悲**支韻。**矣。**賦也。此詠歎上章之言。「天之降罔」，即所謂「天何以刺」也。「罔」，與「罪罟」之「罟」同義。「憂」，《說文》云：「饒也。」「憂」，通作「懮」，《說文》云：「愁也。」徐鍇云：「形於顏面，故從頁。頁者，首也。」「幾」，《說文》云：「殆也。」「悲」，《說文》云：「痛也。」天降下羅網，民之犯罪者亦既多矣。加以「人之云亡」，則此罔之降尚不知何所底止，所以愁而形於面也。天降下羅網，民之犯罪者將殆盡矣。加以「人之云亡」，則此罔之降勢必至靡有留遺，所以痛而結於心也。曰「憂」、曰「悲」，亦正為「邦國殄瘁」故耳。後段深前段。又，《左·昭二十五年》：「宋樂祁曰：『魯政在季氏三世矣，魯君喪政四公矣。無民而能逞其志者，未之有也，國君是以鎮撫其民。《詩》曰：人之云亡，心之憂矣。魯君失民矣，焉得逞其志？靖以待命猶可，動必憂。』」按：此以人作民解，亦通。但上章亦當一例，不宜自相矛盾。○**觱**豐本作「渾」。**沸檻**《爾雅》作「濫」。**泉，維其深**侵韻。**矣。心之憂矣，寧自今**侵韻。**矣。不自我先**，韻。**不自我後**。叶覆韻，後五翻。**藐藐昊天**，先韻。**無不克鞏**。叶覆韻，杲五翻。朱子云：「叶音古。」**無忝皇祖**，麌韻。**式救爾後**。見上。○興而賦也。「觱」，水噴出之貌。「沸」，《說文》云：「水騰湧也。」「檻」，通作「濫」，氾也。水泉從下上出者曰檻泉。義見《采菽》篇。鄭云：「湧泉之源，所繇者深，喻己憂所從來久也。」徐光啟云：「蓋自初進褒姒之時已憂之矣。史蘇識女戎之亂，晉方成知禍水之滅火，此其類也。」「不自我先」二句，語氣與《正月》篇同。鄭云：「惡政不先己，不後己，怪何故正當之。」《韓詩外傳》云：「《孟子》曰：『夫藝，冬至必彫，吾亦時矣。』《詩》曰：「不自我先，不自我後。」非遭彫世者歟？」又，《左·昭十年》：「叔孫昭子至自晉，大夫皆見，高彊見而退。昭子語諸大夫曰：『為人子，不可不慎也哉！昔慶封亡，子尾多受邑，而稍致諸君，君以為忠，而甚寵之。其子不能仕，是以在此。忠為令德，其子弗能任，罪猶及之，難不慎也。喪夫人之力，棄德曠宗，以及其身，不亦害乎？《詩》曰：不自我先，不自我後。其是之謂乎？』據此引《詩》之意，則此二句乃主幽王而言，猶《書》所云「自作孽」者。亦通。「藐」，通作「邈」，《說文》云：「遠也。」「無」，通作「毋」，戒辭也。下同。「克」，能也。「鞏」，《說文》云：「以韋束也。」毛云：「固也。」

天意在今日似邈不相屬矣，然亦有可以鞏固之理，毋自諉於不能鞏固而聽其邈邈已也。鞏固之道，惟在法祖而已。「忝」，《說文》云：「辱也。」「皇祖」，指文、武也。去讒遠色，賤貨貴德，此文、武之道佈在方策者。王當仿而行之，迸群孟，親善類，毋自忝辱於皇祖也。「式」，發語聲。「救」者，維挽之謂。對往日言為後。幽王果能猛圖補救，當自〔註76〕今日始矣。嚴云：「『往者不可諫，來者猶可追』，所謂『式救爾後』也。幽王大壞至此，凡伯尚欲救之，拳拳之忠，不能自己也。」鄒云：「檿弧箕服，亡國之兆，雖已久見於童謠，亦俟淫德而後加之。幽王惟長舌是變，休蠶織而預朝政，欲代后則代后，欲奪宗則奪宗，方且裂繒為入耳之歡，舉烽為博粲之賦，幾如是而不亡者，而詩人尚規之以善後，蓋誠欲回國脈於一線，不忍坐視其殄瘁也。」陸燧云：「通詩『生自婦人』是病，『無忝皇祖』是藥。」

　　《瞻卬》七章，三章章十句，四章章八句。內第二章依朱《傳》分章，與毛、鄭舊本異。第三章、第四章與毛、鄭、朱諸本俱異。○朱子以為「此刺幽王嬖褒姒、任奄人以致亂之詩」。今按：此因篇中有「時維婦寺」一語，故遂以奄人當之，而詩意政未必然。《申培說》剽竊朱子，已彰其淺，且謂「尹伯奇憂亂而作此詩」，則又疑《序》所云「凡伯」。其見於詠《蕩》詩者，乃厲王〔註77〕時人；見於《春秋》隱七年者，乃桓王時人；皆於幽王時不合。而趙岐、王充又有尹伯奇作詩《小弁》篇之說，時世相同，輒妄取而附會之，尤淺之淺者也。《子貢傳》闕文。

## 召旻

《召旻》，凡伯刺幽王大壞也。出《序》。任用小人，以致飢饉侵削焉。出朱《傳》。○蘇轍云：「因其首章稱『旻天』，卒章稱『召公』，故謂之《召旻》，以別《小旻》而已。」郝敬云：「昔周公〔註78〕興而《召南》作。今周將亡，故詩人思召伯，因以《召旻》名篇。」潘笠江云：「《瞻卬》言內惑於寵姿，《召旻》言外嬖於小人，蓋內有褒姒之寵，則外無召公之臣矣。低昂輕重之勢，如持衡然。故曰後宮色盛則賢者隱微，群婢倡言則善類喑啞。邦國殄瘁，恒必繇之。若二詩，非萬古永鑒哉？」

〔註76〕「自」，四庫本誤作「日」。
〔註77〕「王」，底本誤作「玉」，據四庫本改。
〔註78〕「公」，《毛詩原解》卷三十一作「道」。（第594頁）

旻《韓詩外傳》作「昊」。**天疾威，天篤降喪**。陽韻。**瘨我飢饉，民卒流亡**。陽韻。**我居圉**《韓詩外傳》作「禦」。**卒荒**。陽韻。○賦也。「旻」，郭璞云：「憫也。」《虞書說》云：「仁閔覆下，則稱旻天。」「疾」，迅。「威」，怒也。天以仁閔為德，而今也反迅疾其威怒，是可異也。「天篤降喪」以下，「疾威」之實。「篤」，通作「竺」，《說文》云：「厚也。」厚降以死喪之禍，下文「飢饉」是也。「瘨」，《說文》云：「病也。」「我」，我國家也。顏師古云：「穀不熟為饑，菜不熟為饉。」「卒」，鄭云：「盡也當。」通作「殁」，義見《雲漢》篇。「亡」，《說文》云：「逃也。」逃徙無定，如水之流，曰流亡也。天病我國家以飢饉之災，故民之死喪甚眾，而其僅存者又盡皆逃散之四方也。「居」，孔穎達云：「謂城中所居之處。」「圉」，《爾雅》云：「垂也。」當通作「圄」，《說文》云：「守之也。拒守在外，故為邊垂。《左傳》「聊以固吾圉」是也。季本云：「以國事為己事，故曰『我居圉』也。」「荒」，《說文》云：「蕪也。」自國中至邊境，盡皆荒蕪，田野不治，是時蓋歲旱之極也。鄧元錫云：「孟賊訌，胥讒也。罪罟張，胥虐也。婦舌長，胥眒也。土田人民，胥奪也。故怨戾之氣干天和，而飢饉卒荒，周其亡矣。」季云：「此章言歲饑民散而無可愬，則歸禍於天而已。」○**天降罪**豐氏本作「辠」。**罟，蟊賊內訌**。東韻。**昏椓靡共**，叶東韻，居雄翻。豐本作「恭」。**潰潰回遹，實**豐本作「寔」。**靖夷我邦**。叶東韻，悲工翻。○賦也。此章推天所以疾威之繇也。「罪罟」、「蟊賊」，俱見《瞻卬》篇。小人羅織善良，使手足無措，真罪罟也。本繇王用之，而曰「天降」，是無所歸咎之辭也。呂祖謙云：「『天降罪罟』，所謂『天之降罔』也。」「蟊賊」，斥小人。「內」，斥褒姒。「訌」，《說文》云：「讀也。」《司馬法》曰：「師多則人讀。」蓋謂以言相惑亂也。「昏」，通作「閽」，司昏晨以啟閉者，以墨者為之。《周禮・天官・閽人》職云：「掌守王宮之中門之禁。凡內人、公器、賓客，無帥則幾其出入，以時啟閉。凡內外命夫、命婦出入，則為之辟椓。」鄭云：「椓，毀陰者也。」《周書・呂刑》篇云：「爰始淫為劓刵椓黥」，即此。本作「斀」，《說文》云：「去陰之刑也。」孔云：「《書傳》曰：『男女不以禮交者，其刑宮。』丈夫則割其勢，女子閉於宮中。」按：《周禮》內小臣、寺人、內豎、奄人之屬，皆以宮刑者為之。此詩所指，當謂內小臣、內豎也。內小臣掌王后之命，后出入則前驅，后有好事於四方則使往，有好令於卿大夫亦如之。內豎掌內外之通令。「靡」之言「無」，音之轉也。「共」，通作「供」，《說文》云：「設也。」言此蟊賊之人，內與褒姒夤緣

交通，以相惑亂，而為閹寺者曾無有能供其職事，為之禁斷，是以出入自如，略無間阻也。「潰」者，水流四散之貌。毛云：「潰潰，亂也。」「回」，《說文》云：「轉也。」「遹」，《說文》云：「避也。」回轉而避於正道，言去正就邪也。「靖」，安也。「俾予靖之」之「靖」。「夷」，平也。「亂生不夷」之「夷」。承上言孟賊通內之後，肆無顧忌，潰潰然敢亂為邪僻之行，而王乃實使之治國，以望其轉危為安，轉陂為平，其將能乎？言所使非其人，猶《大學》所謂「小人之使為國家」也。○皋皋訿訿，曾不知其玷。叶琰韻，多忝翻。豐本作「刮」。兢兢業業，孔填不寧，我位孔貶。琰韻。○賦也。此章歎用舍倒置也。「皋」，引聲之緩者，故有緩之義。《左傳》「魯人之皋」是也。「訿」與「呰」同意，斥人不肯用力勤事，徒騰口說而已。解見《小旻》篇。《爾雅》云：「皋皋，刺素食也。訿訿，莫供職也。」毛云：「皋皋，頑不知道也。訿訿，窳不供事也。」「曾」，《說文》云：「詞之舒也。」「玷」，本作「刮」，《說文》云：「缺也。」小人在位，所為如此，其於政事之缺失者多矣，而王曾不知其缺也。「兢兢」，戰懼之意。「業業」，勤動之意。形容憂時供職之心，即末章「召公」之流，所謂「不尚有舊」者也。「孔」，甚。「填」，塞也。「寧」，通作「甯」，安也。甚填塞以擾攘不安之事，所謂「王事一埤遺我」也。「我」，代為兢業者之自我也。「位」，所居之職位也。「貶」，《說文》云：「損也。」勞於趨事而不遑安寧如我輩者，反不能安其位而甚遭貶黜，其顛倒錯亂如此。《十月之交》篇云：「黽勉從事，不敢告勞。無罪無辜，讒口嗷嗷。」正謂此也。○如彼歲旱，草豐本作「茻」。《韓詩外傳》作「莫」。不潰《韓詩外傳》作「漬」。崔靈恩注、豐本俱作「遂」。茂，叶紙韻，姥崣翻。如彼棲苴。我相此邦，無不潰止。紙韻。豐本作「且」。○賦也。首章言天之疾威亦既甚矣，而在位用事者素皆孟賊者流，方且視之漠然，絕無恪供職業，以挽回災變之意，則天下之民寧復有生理乎？故復即首章之意而申言之，以重致其歎憫之意。「如彼歲旱，草不潰茂」，死喪多也。草最易生之物，何地無之？歲旱至草亦枯槁，而他物之死者多矣。曹氏云：「潰訓散，又訓亂。草散亂則茂盛，故歲旱無雨澤，則草不潰茂。」「如彼棲苴」，流亡眾也。「苴」者，蒯屬，可以作履。其質輕微，隨風棲泊，無有定處，猶所云轉蓬也。王安石云：「民蕩析離散，故如彼棲草也。」「相」，《說文》云：「省視也。」「此邦」，即次章之「我邦」，兼居圉而言也。凡水之潰者，其勢橫暴而四出，故亂之甚者為潰亂。《公羊傳》云：「國亂曰潰，邑亂曰叛。」鄭云：「無不亂者，言皆亂

也。」季云：「潰止者，不至於潰不止也。」愚按：居圉卒荒，猶曰天災所
為。此邦無不潰止，則人怒不可收拾矣。○**維昔之富不如時**，支韻。七
言為句。**維今之疚**陸德明本作「疢」。**不如茲**。支韻。七言為句。**彼疏斯
粺，胡不自替？職兄**豐本作「況」。後同。**斯引**。《大全》云：「叶韻未
詳。」○賦也。「富」，祿也。「既富方穀」之「富」。「時」之言「是」，音之
轉也。維昔之富不如時，申前「天降罪罟」二章而言。孔云：「維昔明王之
所富者，不如今之時。昔時富賢人，今時富讒佞也。」「疚」，本作「疢」，
《說文》云：「久病也。」「茲」之言「此」，亦音轉也。「維今之疚不如茲」，
申上「如彼歲旱」一章而言。徐云：「言今之疚亦不意其如此之甚，如不圖
為樂之至於斯也之意。」曰「彼」、曰「斯」，就小人中強為分別之也。「斯」
之言「此」，亦音轉也。「疏」，通作「粗」，鄭云：「謂糲米也。米之率，糲
十、粺九、鑿八、侍御七。」孔云：「其術在《九章》粟米之法。彼云粟率五
十，糲米三十，粺二十七，鑿二十四，御二十一。言粟五升為糲米三升，以
下則米漸細，故數益少。四種之米，皆以三約之，得此數也。」曰疏、曰粺，
言其相去不遠，猶曰不相長弟也。「胡」之言「何」，亦音轉也。「替」，《爾
雅》云：「廢也。」「職」，《說文》云：「記微也。」《爾雅》云：「主也。」
「兄」，通作「怳」，《說文》云：「狂之貌。」輔廣云：「謂憂亂而無情緒之
意。」「引」，本關弓之義。《爾雅》云：「長也。」謂伸之使長也。言今民疚
之甚，皆絲於朝廷所富，不得其人。試使比肩而品題之，曰彼為粗，此為粺，
其度量總無以大相越者，胡不自行引退，以避賢者路乎？而使我記憶在心，
專主為此之故，惝怳不知所為，且至於思緒引之愈長而不能自釋也。錢天錫
云：「小人日在君側，本自難退，而詩人為是言者，蓋絕望於王，冀得收功
於萬不可知之中，無聊之極也。」○**池之竭矣，不云自頻**。鄭《箋》、
《列女傳》俱作「濱」。八言為一句。觀此句不用韻可見。**泉之竭矣，不
云自中**。東韻。**溥斯害矣，職兄**《路史》作「況」。**斯弘**，叶東韻，胡
公翻。**不栽**《路史》作「災」。**我躬**。東韻。○比也。上章責小人，此章刺
王也。「維今之疚」，所以益甚於前者，實絲於此。孟賊內訌，相表裏為奸利，
故王澤曰竭，而王不知也。孔云：「池者，穿地引水。《家語》曰：『池水之
大，魚鱉生焉，萑葦長焉。誰知其非泉也？』是池絲自外引水而為之。」「竭」，
通作「渴」，《說文》云：「盡也。」「頻」，《說文》云：「水厓也。」鄭云：
「池水之溢，絲外灌焉。今池竭絲外無益者，喻王猶池也，政之亂絲外，無

賢臣益之。泉者，中生水則益深，水不生則竭，喻王猶泉也，政之亂又緣內，
無賢妃益之。」兩曰「不云」者，言王不肯歸咎於是也。劉向《列女傳》云：
「趙昭儀之凶孽與襃姒同行，成帝之惑亂與周幽王同風。《詩》曰：『池之竭
矣，不云自濱。泉之竭矣，不云自中。』成帝之時，舅氏擅外，趙氏專內，
其自竭極，蓋亦池泉之勢也。」「溥」，《說文》云：「大也。」鄭云：「猶遍
也。」孔云：「王內無賢后，外無賢臣，溥遍有此內外無賢之害矣。」「弘」，
通作「宏」，《說文》云：「屋深響也。」屋廣大則響，故有大之義。「職兄斯
弘」，謂我之惝怳益甚也。「引」，言其憂之長；「弘」，言其憂之大。蓋為宗
社慮，非為身家危也，故繼之曰此害之溥，不獨災禍及於我身而已，將無不
被其毒者矣。○**昔先王受命**，句。**有如召**音邵。**公，曰辟**音闢。**國百
里。**紙韻。九言為句。**今也日蹙國百里。**七言為句。**於乎哀哉！**句。
**維今之人，不尚有舊。**八言為句。叶紙韻，暨凡翻。○賦也。此章欲王
用賢以救亂也。鄭云：「『先王受命』，謂文王、武王時也。」「召公」，召康
公奭也。「辟」，通作「闢」，《說文》云：「開也。」「蹙」，毛云：「促也。」
《說文》云：「迫也。」曰「闢」、曰「蹙」，皆以國勢言，借百里以形容之
耳。按：召公受采邑於召，在文王時；分陝西為伯，在武王時。周、召分理，
此詩獨思召公者，蘇轍謂「文王之治周也，所以為其國者，屬之周公；所以
交於諸侯者，屬之召公。周公治內，召公治外，故周人之詩謂之《周南》，
諸侯之詩謂之《召南》是也。文王之化，自北而南，三分天下有其二，漸
至武王，因之以有天下。召公助流政教，與有力焉。然則「日辟國百里」之
言非無據矣。朱子云：「今，謂幽王之時。蹙國，蓋大〔註79〕戎內侵，諸侯
外叛也。」孔云：「於蹙國之上，不言無賢臣者，以不尚有舊事見於下，故
空其名，以下句互而知之。」「於」，鳥名。「乎」，通作「呼」，歎息之聲，如
鳥鳥之籲呼也。「不尚有舊」者，謂老成人猶在也。第三章言「兢兢業業」，
即其人耳。朱子云：「又歎息哀痛而言，今世雖亂，豈不猶有舊德可用之人
哉？言有之而不用耳。」陳櫟云：「此詩及《瞻卬》篇末皆有拳拳望治之意。
前詩望其改過而無忝皇祖，此詩望其改圖而擢用舊人。審如是，則否猶可泰，
危猶可安也，豈至有犬戎禍哉！」〔註80〕陳傳良云：「《周南》繫於周公，《召
南》繫於召公，豈非化之盛者必有待乎二公也？至於《風》之終繫以《邠》，

〔註79〕「大」，四庫本同，《詩集傳》卷十八作「犬」。
〔註80〕見劉瑾《詩傳通釋》卷十八。

《雅》之終繫以《召旻》，豈非化之衰者必有思乎二公也？」〔註81〕又，陳際泰云：「宣王之興也，有召虎之命矣。幽王之亂也，有召公之思矣。與『召公勞之』之語若出一揆，何也？召公之後，世有庸於周焉，而周公之後，易世其衰矣，一也。召公居外以分陝，《甘棠》志之矣；而周公居中以運，其功在輔，精微也未易見焉，二也。」

　　《召旻》七章，章五句。舊皆作四章章五句，三章章七句。自第五章而下，每章俱作七句。今改正。○《序》云：「凡伯刺幽王大壞也。旻，閔也，閔天下無如召公之臣也。」朱子謂「《旻閔》以下不成文理」，蘇氏亦詆其「衍說」，是矣。《申培說》則云：「幽王邇刑人，近頑童，諂巧用讒慝，諸侯攜貳，戎狄內侵，飢饉因之，國人流散，尹伯奇諫王而作是詩。」蓋掇取篇中近似之語堆積成文，贅累特甚，尤無義理。其妄駕之於尹伯奇，辨已見《瞻卬》篇。《子貢傳》闕文。

# 小旻

《小旻》，大夫刺幽王也。出《序》。以王棄高明昭顯而好讒慝暗昧，去和而取同，故作是詩。朱子云：「大夫以王惑於邪謀，不能斷以從善，而作此詩。」鄒忠胤云：「《小旻》作於幽王之世，與《召旻》相表裏。彼云『潰潰回遹，靖夷我邦』，此『謀猶回遹』所自來也。《國語》史伯策周之必弊，謂其棄和而與剚同，猶之聲一無聽，色一無文，味一無果，物一不講。此正所謂舍臧而用不臧者。」愚按：據此則此詩疑亦凡伯所作。

旻《列女傳》作「旲」。天疾威，敷于下土。霽韻。謀豐本作「謨」。後同。猶《石經》、崔靈恩注、豐本俱作「猷」。下同。回遹，《韓詩》作「𩏑」。《石經》作「汰」。沈文選注作「宂」。何日斯沮？叶霽韻，讀如組，總古翻。謀臧不從，冬韻。不臧覆用。叶冬韻，醜封翻。我視謀猶，亦孔之邛。冬韻。○賦也。「旻天疾威」與《雨無正》篇意同。「敷」，《說文》云：「施也。」對上天稱下土。嚴粲云：「旻天以仁憫為稱，今乃迅烈威虐，敷布於下土，使遍受其害，言災禍薦臻也。是皆人事有以召之，幽王宜恐懼而改圖矣。」徐鉉云：「慮一事、畫一計為謀。」今按：謀字右旁施某，不徒定聲，亦自有義。

〔註81〕見段昌武《毛詩集解》卷首《學詩總說・詩之次》。又見劉瑾《詩傳通釋》卷十八、朱公遷《詩經疏義會通》卷十八。

《說文》云：「某者，未定之位宅也。」凡不知名者皆言某，猶枚數之云慮某事、畫某計云爾。徐解是也。「猶」，解見《采芑》篇。猶本獸名，性多疑慮，故以為熟思覆酌之意。「謀」主臣言，「猶」主王言，各有所屬，觀篇中本文可見。「回」，《說文》云：「轉也。」古字作「回」，口中象回轉形。「遹」，《說文》云：「迴避也。」「回遹」者，回轉而避於正道，言去正就邪也。「沮」，通作「阻」。人行為險所限隔，則不能進前，故其義又訓為遏止也。此言下之謀、上之猷皆相尋於回遹，莫知其何日能遏止也。「臧」，善。「覆」，反也。謀之善，即第四章所謂「先民是程」，可以福國庇民者，而王則不從。「謀之不善」，即所謂淺末之邇言，必至於有咎敗者，而王反用之。「孔」，甚也。「邛」，趙頤光云：「當通作『窮』。」窮之為言困也，故《爾雅》以為病，《廣雅》以為勞也。我觀今日君臣之謀猶其回遹，而何日斯沮，則可謂甚勞。其臧者不從，而不臧者覆用，則可謂甚、病二義皆有也。○潝潝《爾雅》、《說文》俱作「翕翕」。《漢書》、豐本俱作「歙歙」。《荀子》作「嗋嗋」。訿訿，叶支韻，將支翻。《說文》作「訾訾」。《荀子》作「呰呰」。亦孔之哀。灰韻。亦叶支韻，魚羈翻。謀豐本作「謨」。下同。之其臧，則具是違。叶灰韻，胡隈翻。亦叶支韻，於宜翻。謀之不臧，則具是依。叶支韻，魚羈翻。我視曹本作「視」。謀猶，豐本作「猷」。伊于胡底。叶支韻，蒸夷翻。○賦也。朱善云：「上章指王而言，此章指小人而言。」《爾雅》云：「翕翕訿訿，莫供職也。」郭璞《注》云：「賢者陵替奸黨熾，背公邮私曠職事。」按：「潝」之為義，水流疾聲也。重言「潝潝」者，孔穎達以為狀小人作威福之勢，即《爾雅注》所云「奸黨熾」也。「訿」，《說文》作「訾」，與「呰」、「啙」二字形音相類，而義各別。「訾」，不思稱意也。徐鍇云：「言不思稱事之意。」「啙」，窳也。「呰」，苛也。今以字義求之，則「訾」正與「啙」同意，蓋訾從言，啙從皿，斥人不肯用力勤事，徒騰口說而已，故訓「訾」為「不思稱乎事」而訓「啙」為「惰窳」。觀《召旻》篇以「皋皋訿訿」與「兢兢業業」對言，其旨可見。毛《傳》解「訿訿」亦云：「窳不共事也。」與《爾雅》、《說文》合，當從之。若如劉向引此謂「眾小在位而從邪議，歙歙相是而背君子」，則「潝」通作「歙」，縮氣出聲也。「訿」通作「呰」，乃苛細之義，即朱《傳》所云「相詆也」。亦通。鄭云：「臣不事君，亂之階也，甚可哀也。」「具」，通作「俱」，偕也。言謀之善者則群小皆譏議而必欲背違之，其不善者則皆附和而必欲依就之。先立一從違之幟，以簧鼓於君側，王之「不從」、「覆用」，全根於此。

《荀子》云：「小人致亂而惡人之非己也，致不肖而欲人之賢己也，心如虎狼，行如禽獸，而又怨人之賊己也。諂諛者親，諫諍者疏，修正為笑，至忠為賊，雖欲無滅亡，得乎哉？《詩》曰：『潝潝訿訿，亦孔之哀。謀之其臧，則具是違。謀之不臧，則具是依。』此之謂也。」「厎」、「砥」同字，磨石也。我觀今日謀猷錯出，刺謬若是，誰能磨治之，使歸於正乎？○**我龜既厭，不我告猶。**叶宥韻，余救〔註82〕翻。豐本作「猷」。**謀夫孔多，是用不集。**叶宥韻，疾救翻。《韓詩》、崔注、豐本俱作「就」。**發言盈庭，誰敢執其咎？**有韻。亦叶宥韻，巨又翻。**如匪行邁謀，是用不得**豐本作「集」。**于道。**有韻。亦叶宥韻，徒侯翻。○賦也。具違、具依，彼潝訿之徒何足責，而不從、覆用，王之自為猶亦已疏矣，故三、四兩章專以猶言，意重責王也。夫必有預定之人謀，而後有協從之神謀，故《虞書》曰「官占，惟先蔽志，昆命於元龜」；《洪範》曰「謀及乃心，謀及卿士，謀及庶人，謀及卜筮」；《緜》之詩亦曰「爰始爰謀，爰契我龜」。今王胸無定見，既聽熒於不臧之謀矣，雖乞靈於卜，何益？此龜所以厭之而不復告其所圖之吉凶也。《禮記》子引此《詩》，曰：「南人有言，曰：人而無恒，不可以為〔註83〕卜筮。古之遺言與？龜筮猶不能知也，而況於人乎！」「謀夫孔多」，言既與臧者謀之，而復使不臧者亂之，是非相奪，莫適所從。「我龜既厭」，正緣於此。「不集」者，謂龜之神靈不來集也，即「不我告猶」之意。「發言」，猶云出言。自堂下至門謂之庭。「執」，持。「咎」，愆也。謀臧具違，不臧具依，一唱眾和，闃然盈庭，其勢之熾盛如此，誰敢與之為敵，而持其愆咎者哉？「邁」，《說文》云：「遠行也。」嚴云：「如人慾行路，必問於曾行之人，非行邁之人而與之謀問其所不知，宜其無得於道路之事也。如沈慶之言，耕當問奴，織當訪婢也。」《左·襄八年》：「楚子囊伐鄭。子駟、子國、子耳欲從楚，子孔、子蟜、子展欲待晉。子駟曰：『周詩有之曰：俟河〔註84〕之清，人壽幾何？兆云詢多，職競作羅。謀之多族，民之多違，事滋無成。《詩》云：謀夫孔多，是用不集。發言盈庭，誰敢執其咎？如匪行邁謀，是用不得于道。請從楚，騑也受其咎。』乃及楚平。」○**哀哉為猶，**豐本作「猷」。下同。**匪先民是程，**叶陽韻，仲良翻。**匪大**

---

〔註82〕「救」，四庫本作「收」。
〔註83〕「為」，《禮記·緇衣》同，四庫本作「作」。按：《論語·子路篇》：「子曰：『南人有言曰：人而無恒，不可以作巫醫。』」
〔註84〕「河」，四庫本誤作「何」。

猶是經。叶陽韻，居良翻。**維邇言是聽**，叶陽韻，他陽翻。**維邇言是爭。**叶陽韻，諸良翻。**如彼築室于道謀，是用不潰于成。**叶陽韻，辰羊翻。○賦也。瀋訹固可哀，而不意王之遂聽之也，則其為猶亦可哀矣，言禍必中之國也。《國語》云：「古曰在昔，昔曰先民。」孔云：「民者，人之大名，其實是賢聖者也。」今按：《書》：「相古先民有夏。」稱亦同此。「程」，品也。按：《說文》：「十發為程，十程為分，十分為寸。」蓋度量緣此而起，故取以為品式之名。《荀》子所謂「程者，物之準也」。「大猶」，謂謀慮之大者。「經」，《說文》云：「織也。」今織作家，東西其緯曰經。「大猶是經」，言取大是非、大利害所在，圖回於心，亦如織經之往來也。誠欲經大謀，必先取程先民矣。「邇言」，淺末之言，無關宗社生靈之計者，正與「大猶」相反。桓寬云：「此詩人刺不通於王道而善為權利者。」「聽」，受。「爭」，競也。聽在上，爭在下，言上之人固惟邇言是聽，而下之人見上之聽邇言也，亦隨有起而以邇言爭。「邇言」者，蓋始合終離，自相觭角。小人情態，往往如此。鄒云：「向猶有臧否之兩端，至此則能為臧者咸思捲舌退矣。向猶有從違之兩見，至此則具是依者又相與攘臂起矣。纖計小談，不勝異指。兆云詢多，職競作羅。聽者聽所不必聽，爭者爭所不必爭，國是其何定之有？」「潰」，決。「成」，就也。譬如築室者，不謀之於工師，而維於行道之人是謀，彼原不知作室為何事，其能決斷此謀而有所成就也哉？行道之謀，正譬邇言。東漢曹褒請著漢禮，班固以為宜廣集諸儒，共議得失，章帝曰：「諺言：作捨道邊，三年不成。會禮之家，名為聚訟，互生疑異，筆不得下。昔堯作大章，一夔足矣。」意亦同此。○**國雖靡止**，紙韻。**或聖或否。**叶紙韻，補美翻。**民雖靡膴**，魚韻。亦叶灰韻，莫杯翻。又叶麌韻，罔甫翻。《韓詩》作「腜」。《外傳》作「憮」。**或哲**《漢書》作「悊」。**或謀**，叶虞韻，蒙晡翻。亦叶灰韻，蒲杯翻。又叶麌韻，滿補翻。**或肅或艾。**泰韻。亦叶隊韻，疑刈翻。豐本作「乂」。**如彼泉流**，朱《傳》、《讀詩記》、《詩大全》、豐本俱作「流泉」，誤。**無淪胥以敗。**叶泰韻，烏外翻。亦叶隊韻，蒲昧翻。豐本作「退」。○賦也。「國」，以國事言。「止」，定也。「聖」，通明也。「否」，不通也。「民」，以倫品言。「膴」，臘之無骨者，故以為腴美之稱。「周原膴膴」是也。「哲」，知。「肅」，敬也。「艾」，通作「乂」，治也。《洪範》五事之疇云：「貌曰恭，言曰從，視曰明，聽曰聰，思曰睿，恭作肅，從作乂，明作哲，聰作謀，睿作聖。」按：視明則知見徹，故哲；聽聰則多聞善斷，故謀。貌恭則氣象嚴整，詟頑起懦，故肅。

言從則令行人順，故乂。通微之謂睿，思能通微，則無所不通，故聖。劉公瑾
云：「《洪範》五事次序與此詩不同者，彼以人事發見先後為序，此則便文以叶
韻耳。」言國事紛紜，雖未有定止矣，然或有聖焉其人者，正可就之以決謀議。
即思慮不通之人，容或有之，豈可薄待天下，謂盡皆否而無聖哉？二「或」字
要看得圓融聖足，以該下四德，故特提言之。民之才識豐美者誠不多見，然哲、
謀、肅、乂之四德，或各有其一焉，亦可取材而用也。《召旻》之詩云：「維今
之人，不尚有舊。」亦此意。凌濛初云：「言『民』字，正見野有遺賢，不在
謀夫之列者。」「如彼泉流」，以比言路欲其疏通，不欲其底滯也。《國語》云：
「為川者決之使導，為民者宣之使言。」引類不同，其指一耳。「無」，通作「毋」。
屬望而警戒之，欲使其無至此極也。「淪」，水流轉貌。謀臧、不臧，無所分別，
正如泉流之清淪而至於溷濁也。「胥」，皆。「敗」，毀也。猶言賢人與國與民同
盡也。蘇轍云：「雖世亂民鬪，猶有賢者在焉。苟能用之，愚者可賴以皆濟也。
苟廢而不用，而使愚者壅之於上，則相與皆敗，無能為矣。譬如泉水，苟疏而
流之，則淤腐者從之而行；苟不疏其源而潴蓄之，雖其流者，亦相與陷溺腐敗
而已矣。」〇不敢《鹽鐵論》作「可」。**暴虎，不敢馮**《鹽鐵論》作「憑」。
**河。**歌韻。**人知其一，莫知其他。**歌韻。《荀子》作「佗」。**戰戰兢兢，**
蒸韻。《左傳》「兢兢」作「矜矜」。**如臨深淵，**豐本作「𣾷」。**如履薄冰。**
蒸韻。豐本作「欠」。〇賦也。「暴虎」，解見《大叔于田》篇。「馮」，通作「淜」，
《說文》云：「舟渡河也。」孔云：「空涉水凌波而渡也。」「一」、「他」，汎指
而對舉之辭。眾人之慮，不能及遠。暴虎馮河之患，近而易見，皆知畏之。若
夫無形之禍，遠在歲月，則恬然不以為憂。此所謂「人知其一，莫知其他」者
也。《呂氏春秋》云：「此言不知鄰類也。」「戰」者，危事。恐懼之至，如臨
大敵，故重言「戰戰」也。「兢」之猶言「競」也。競者，強也。重言「兢兢」，
努力自強之意。「如臨」二句，又就其戰兢處而形容之。淵言深，冰言薄，危
之至也。「如臨」，恐其墜；「如履」，恐其陷。慎謀若此，自不至舍其臧者而從
其不臧者矣。鄧元錫云：「君子之戰兢也，皆以其戒暴虎馮河之心將之。謀與
有無遠乎是，篤敬之謀也。昔夫子之行三軍也，曰：『暴虎馮河，死而無悔者，
吾不與也。必也臨事而懼，好謀而成者也。』此聖者謀也。」《左·僖二十二
年》：「伐邾，取須句。邾人以須句故出師。公卑邾，不設備而禦之。臧文仲曰：
『國無小，不可易也。無備，雖眾，不可恃也。《詩》曰：戰戰兢兢，如臨深
淵，如履薄冰。又曰：敬之敬之，天惟顯思，命不易哉！先王之明德，猶無不

難也，無不懼也，況我小國乎！』弗聽。及邾師戰於升陘，我師敗績。」又，《荀子》引此《詩》云：「人不肖而不敬，則是狎虎也。狎虎則危，災及其身。」《左·昭元年》：「會於虢，楚公子圍設服離衛。晉樂王鮒曰：『《小旻》之卒章善矣，吾從之。』」杜《注》謂「卒章義取非惟暴虎馮河之可畏也，不敬小人亦危殆。王鮒從斯義，故不敢譏議公子圍」。今按：毛《傳》意亦同此。然實非詩意。又，宣十六年，「晉士會將中軍，且為大傅。於是晉國之盜逃奔於秦。羊舌職曰：『吾聞之：禹稱善人，不善人違。此之謂也。夫《詩》曰：戰戰兢兢，如臨深淵，如履薄冰。善人在上也。善人在上，則國無幸民。諺曰：民之多幸，國之不幸也。是無善人之謂也。』」如此說詩，其去詩旨尤遠矣。

《小旻》六章，三章章八句，三章章七句。鄭謂「所刺列於《十月之交》、《雨無正》為小，故曰《小旻》」。其義難通。蘇云：「《小旻》、《小宛》、《小弁》、《小明》四詩皆以小名篇，所以別其為《小雅》也。其在《小雅》者謂之小，故其在《大雅》者謂之《召旻》、《大明》、獨《宛》、《弁》闕焉，意者孔子刪之矣。雖棄其大，而其小者猶謂之小，蓋即用其舊也。」朱《傳》錄之。而郝敬則謂「凡篇目皆作者自命，或太史記之，太師目之，未有二雅，先有篇目」〔註85〕。如前說，是先有《小雅》，而後以此詩從之，非也。且《小雅》詩多矣，何獨別此四篇？若然，《大東》名「小東」，正宜反以「大」名，何也？至謂《大宛》、《大弁》，夫子刪之，然則《頌》有《小毖》，又焉得有《大毖》乎？皆猜說也。馮時可則云：「此詩言朝廷諸臣瑣尾齷齪，謀猶反覆，君子無所容其身而局天蹐地，故以《小旻》名篇。」亦是一說。《子貢傳》闕。《申培說》襲朱《傳》，益表其為偽書耳。

# 青蠅

《青蠅》，大夫刺幽王也。出《序》。愚意為太子宜臼遭讒而作。按：《小弁》之詩曰「君子信讒，如或酬之」，《巧言》之詩曰「亂之又生，君子信讒」，即此詩首章所言「信讒」。《國語》：「史伯曰：『夫虢石父，讒諂巧從之人也。而立以為卿士，與剽同也。周法不昭，而婦言是行，用讒慝也』」，即此詩二、三章所謂「讒人」也。《焦氏易林》亦云：「青蠅集藩，君信讒言。害賢傷忠，患生婦人。」又云：「馬蹄躓車，婦惡破家。青蠅污白，恭子離居。」義亦同

此。漢戾太子之亂，壺關三老令狐茂上書曰：「臣聞父者猶天，母者猶地，子猶萬物也。故天平地安，陰陽和調，物乃茂盛。父慈母愛，室家之中，子乃孝順。陰陽不和，則萬物夭傷。父子不和，則室家喪亡。故父不父則子不子，君不君則臣不臣。雖有粟，吾得而食諸？昔者，虞、舜，孝之至也，而不中於瞽瞍，孝已被謗，伯奇放流，骨肉至親，父子相疑。何者？積毀之所生也。繇是觀之，子無不孝而父有不察。今皇太子為漢適嗣，承萬世之業，體祖宗之重，親則皇帝之宗子也。江充，布衣之人，閭閻之隸臣也。陛下顯而用之，銜至尊之命，以迫蹴皇太子，造飾奸詐，群邪錯謬，是以親戚之路隔塞而不通，太子進則不得上見，退則困於亂臣，獨冤結而亡告。不忍忿忿之心，起而殺充，恐懼逋逃，子盜父兵，以救難自免耳。臣竊以為無邪心。《詩》曰：『營營青蠅，止於藩。愷悌君子，無信讒言。讒言罔極，交亂四國。』陛下不省察，深過太子，發盛怒，舉大兵而求之。智者不敢言，辨士不敢說。臣竊痛之。《詩》云：『取彼譖人，投畀豺虎。』唯陛下寬心慰意，少察所親，無令太子久亡。」書奏，天子感寤。按：茂奏引此《詩》，事相類而指正合，故備錄之云。

**營營**《說文》、豐氏本俱作「謍謍」，云：「小聲也。」後同。**青蠅，止**《漢書》作「至」。**于樊**元韻。《說文》、豐本俱作「柟」。《史記》作「蕃」。《漢書》作「藩」。《易林》作「蕃」。**豈**《左傳》、《漢書》作「愷」。**弟**《左傳》、《漢書》作「悌」。**君子，無**《漢書》作「毋」。**信讒言**元韻。《漢書》引此章，下即接以「讒言罔極，交亂四國」。○興也。「營」，《說文》云：「帀居也。」連言「營營」者，象其迴旋飛繞之狀。程子云：「讒人之情，常欲污白以為黑，而其言不可以直達，故必營營往來也。」「青蠅」，與蒼蠅異種。段成式云：「蒼蠅聲雄壯，青蠅聲清聒，其聲皆在翼。」又云：「青蠅糞尤能敗物，雖玉猶不免。」陸佃云：「蒼蠅善亂聲，青蠅善亂色，故詩以青蠅刺讒。青蠅首赤如火，背若負金，懷蛆縈利，喜暖而惡寒。」《漢書》：「昌邑王夢青蠅之矢積粟階東，可五六石，以屋版瓦覆。發視之，青蠅矢也。以問郎中令龔遂，遂曰：『陛下之詩不云乎？營營青蠅，至於藩。愷悌君子，毋信讒言。陛下左側讒人眾多，如是青蠅惡矣。宜進先帝大臣子孫親近，以為左右。』」顏師古云：「惡即矢也。」按：青蠅之惡，只在於矢。止則布穢，飛則不能也。或以「青蠅止于樊」興讒言止於智者，非是。「樊」，當從《說文》作「柟」，從木中枝交也，其義為藩，即今之籬屏也。嚴粲云：「青蠅集於在外之藩籬，若不必惡之也。然其營營往來，將入宮室，污几席，不但止樊而已也。喻讒人為亂，漸

致迫近，當防其微也。」王充云：「讒言傷善，青蠅污白，同一禍敗。《詩》以為興。」「豈」，通作「愷」，康也。「弟」，通作「悌」，順也。鄭玄云：「豈弟，樂易也。」陳鳥飛云：「讒言多緜持心傾險而後入，故君子當持心樂易，不聽讒言也。」一說豈弟乃優容不斷之意，猶「齊子豈弟」之稱，微諷之辭也。讒言之所以得入，實緜於此。苟遇英斷之主，自畏而遠去矣。亦通。劉晝云：「讒邪之蔽善人也，猶朝日洞明，霧甚則不見天；沙石至淨，流濁則不見地。雖有明淨之質，而不發明者，水霧蔽之也。」《左・襄十四年》：「會於向。范宣子將執戎子駒支。駒支對曰：『今官之師旅無乃實有所闕，以攜諸侯而罪我諸戎？我諸戎飲食衣服不與華同，贄幣不通，言語不達，何惡之能為？不與於會，亦無瞢焉。』賦《青蠅》而退。宣子辭焉，使即事於會，成愷悌也。」

○**營營青蠅，止于棘。**職韻。**讒人**《史記》、《漢書》、《論衡》俱作「言」。**罔極，**職韻。然以下章例之，則此句非韻。**交亂四國。**職韻。《史記》東方朔引此《詩》上章之後，即繼之曰「讒言罔極，交亂四國」。○興也。宜臼之廢也，有襃姒以讒之於內，有虢石父以讒之於外。此章所興「青蠅」，指石父也。石父為王卿士，周王朝植九棘，孤卿大夫位焉，故言「止于棘」也。又，棘者，刺人之物，故以為讒人之況。《楚辭》云：「蒺棘樹於中庭。」王逸《注》謂「蒺藜棘刺之木滿於中庭，以言遠仁賢、近讒賊也」。「讒人」，進讒言之人也。「罔極」，謂深險變幻，無所底極。人罔極，則其言亦罔極矣。「交亂」者，交搆以成亂。「四國」，四方之國也。「交亂四國」，如搆王伐申之事，以宜臼為申之自出，故求之申。其時呂、繒、西戎皆申與國，因遂蠢然俱動，是皆虢公之為也。王充云：「人中諸毒，一身死之。中於口舌，一國潰亂。《詩》曰：『讒言罔極，交亂四國。』四國猶亂，況一人乎！故君子不畏虎，猶畏讒夫之口。讒夫之口，為毒大矣。」陸賈云：「讒夫似賢，美言是信，聽之者惑，觀之者冥。故蘇秦尊於諸侯，商鞅顯於西秦。世無賢智之君，孰能別其形？故堯放驩兜，仲尼誅少正卯。甘言之所嘉，靡不為之傾，惟堯知其實，仲尼見其情。故干聖王者誅，遏賢君者刑，遭凡王者貴，觸亂世者榮。鄭儋亡齊而歸魯，齊有九合之名，而魯有乾時之恥。夫據千乘之國，而信讒佞之計，未有不亡者也。故《詩》云：『讒人罔極，交亂四國。』眾邪合黨，以回人君，邦危民亡，不亦宜乎！」○**營營青蠅，止于榛。**真韻。**讒人罔極，構我二人。**真韻。○興也。此章所興「青蠅」，指襃姒也，以「止于榛」之語知之。《左傳》：「女摯榛栗棗脩。」「榛」者，婦人贄也。又，說者以榛可為贄，為文事，亦

可為矢，為武事。今青蠅止焉，為讒人害善之興。亦通。「構」，《廣韻》云：
「架也。」解見《四月》篇。孔云：「構者，構合兩端，令二人彼此相嫌，交
更惑亂也。」「我」者，親之之辭。「二人」，謂王與宜臼也。王，天下君也。
太子，亦儲君也。故以「我二人」稱之。離間骨肉之事，非外庭之臣所能辨，
浸灌滋潤，當以屬之嬖妻耳。鄧元錫云：「『交亂四國』，造亂罔大也。『構我二
人』，靡親不離也。皆罔極也。」羅願云：「君子之於讒也，初蓋易之，至於亂
之又生，而後君子信其讒，此詩亦然，故首章但云『毋信讒言』，至其二章則
已交亂在外之四國，至其三章則雖同心如我二人者亦不能以相有。其始輕之
而不忌皆如此蠅矣。」高伯宗云：「君子之讒於小人，亦可悲哉！忠臣不得而
卒寵於君，孝子不得而終愛於父，貞女不得而暴志於夫，良士不得而全交於
友。是故晁錯削國，計安宗社，可謂智矣。朝衣東市，慘何極焉，然猶可諉曰
深刻之賈禍也。屈原定令，修潔無私，可謂忠矣。汨羅之沈，至今悲之，然猶
可諉曰婞直之招謗也。子胥之功，何負於吳，而有鴟夷之浮乎？則又諉曰君
寵之不篤也。楚之美人，何疏於王，而有劓鼻之禍乎？則又諉曰嬪婦之愚，
自見欺也。西伯之聖，足自全矣，而羑里之囚，幾不免焉，則又諉曰主臣之
疏，人易間耳。申生致胙，分非疏矣，而待烹之殃，奚為而至？則又諉曰父之
不道，人倫之變也。伯奇掇蜂，非不遇賢父矣，而何至有伯勞之傷乎？吁！
智如晁錯，忠如屈平，功如子胥，寵如美人，聖如西伯，戚如父子，聰者如尹
吉甫，亦可保矣，而皆不能免，則不及此者當何如也。甚矣，讒之為禍，而君
子之不可不辨也。嗟夫！青蠅為祟，一至於此。中冓之言，可勝道哉！斯誠
來世之永鑒矣。」

　　《青蠅》三章，章四句。朱子不著其世。《子貢傳》以為「厲王信讒，
大夫憂之」。《申培說》亦云：「厲王之世，讒言繁興，君子憂之而作。」鄒忠
胤云：「厲王之信讒，雖無可考，然觀《蕩》之詩曰『流言以對』，《桑柔》之
詩曰『朋友以譖，不胥以穀』，而《國語》載其用衛巫監謗，道路以目。夫惡
直未有不好諛者，故《逸周書‧芮良夫解》有云：『賢智鉗口，小人鼓舌。』
厲之世，如蝸如螗，如沸如羹，國步茂資，亂況斯削，有繇然矣。」今按：是
詩之屬於幽、厲，雖皆可通，然不若幽王信讒奪嫡之事為較然明著也。而袁
孝政注《劉子》則云：「魏武公信讒，《詩》刺之曰：『營營青蠅，止於藩。豈
弟君子，無信讒言。』」正不知其所自出。《國風》有《魏》，而世系無考，今
於此詩得一武公遺事，奇矣。然此故魏詩也，何得入雅？愚終不敢信以為然。

竊意毛《傳》篇次，此詩與《賓之初筵》相屬。彼為衛武公所作，遂以此並繫之武公，而訛衛音為魏耳。又，此詩若指為周公之詩，亦自肖似。所謂讒言，即指流言也。所謂四國，即指管、蔡、商、奄也。所謂二人，則王及周公自謂，猶之《雒誥》所云「我二人共貞」者也。真德秀云：「自昔不惟狂暴之君信讒害政，雖慈祥樂易之君，一惟讒言是信，亦能變移心志，如成王疑周公是也。成王豈非樂易之資哉？始為管、蔡流言所入，幾至猜阻，賴天動威而後悔，故曰『豈弟君子，無信讒言』也。讒人之情志在傷善，無有窮已，故家有讒則家亂，國有讒則國亂，管、蔡流言而四國不靖，乃其驗也。故曰『讒人罔極，交亂四國』。末章又指實事而言。」

# 我行其野

《我行其野》，疑太子宜臼出奔申之作。《晉語》：「史蘇曰：『周幽王伐有褒，有褒人以褒姒女焉。褒姒有寵，生伯服。於是乎與虢石甫比，逐太子宜臼，而立伯服。太子出奔申，申人、繒人召西戎以伐周，周於是乎亡。』」《竹書》紀「幽王五年，王世子宜臼出奔申」。愚按：宜臼以被逐而奔申，其情可憫。厥後驪山變作，而偃然身居天位，忘仇不討，則無以解於弒父與君之罪矣。

我行其野，《子貢傳》、豐氏本俱作「埜」。後同。蔽芾其樗。魚韻。昏姻《讀詩記》作「因」。豐本作「婣」。後同。之故，言就爾居。魚韻。爾不我畜，復我邦家。叶魚韻，讀如居，斤於翻。○賦也。此詩愚疑為宜臼所作。「我行其野」，身被放逐而無所依怙之辭也。「蔽芾」，解見《甘棠》篇。「樗」，解見《七月》篇。「昏」，通作「婚」，《爾雅》云：「婿之父謂姻，婦之父謂婚。婦之父母，婿之父母，相謂為婚姻。婦之黨為婚兄弟，婿之黨為姻兄弟。」劉熙云：「曰婚者，言婿親迎用昏，又恒以昏夜成禮也。曰姻者，姻，因也，女往因媒也。」幽王娶於申，宜臼申后所出，故云然。「畜」，毛云：「養也。」按：《淮南子》云：「玄田為畜。」偶思而得其解。當玄月之時，田事已畢，收穫而藏之，故畜有止義，又有聚義。所藏之穀可以為養，故又有養義。「復」，反也。「邦家」，即己家也。樗，惡木，尚可庇而息，今以我父與舅家為婚姻之故，特就爾國而託處焉，豈敢謂爾乃樗之不如乎！有如爾不肯畜養我，則惟有復反我之邦家，以歸死於君父之前耳。情急而與之自訣之辭。○我行其野，言采其蓫。屋韻。陸德明本作「蓄」。昏姻之故，言就爾宿。

屋韻。**爾不我蓄**，屋韻。**言歸斯**朱《傳》、《讀詩記》、豐本俱作「思」。**復**。屋韻。○賦也。「蓫」，鄭玄云：「牛蘈也。仲春時生。」《爾雅》以為「蓨」。郭璞云：「今江東呼蓫為牛蘈者，高尺餘許，方莖，葉長如銳，有穗，穗間有華，華紫縹色，可淪以為飲。」《圖經》云：「生下濕地，春生苗，高三四尺。葉狹長，頗似蒿苣而色深，莖節間紫赤，花青白成穗，子三棱，若茺蔚，夏中即枯。根似牛蒡而堅實。」陸璣云：「揚州人謂之羊蹄，似蘆服而莖赤，可淪為茹，滑而美也。多啖令人下氣。幽州人謂之蓫。」按：《說文》無「蓫」字。「蓫」，亦作「蓄」。《谷風》篇云：「我有旨蓄，亦以御冬。」陶隱居謂即此菜也。戴侗云：「今羊蹄菜謂之禿唐，即此物也。禿、蓫、蓄，一聲之轉。」一名東方宿，一名連蟲，一名鬼目。又，《原始》云：「遂即馬尾蓫也。亦可作蔬。」《爾雅》：「蓫薚馬尾。」《廣雅》云：「馬尾蔏陸。」《本艸》云：「今關西呼為薚，江東為當陸。一名薚根，一名夜呼，一名白昌。」據此，則蓫有兩解，未詳孰是。「宿」，止也。暫託宿而已。若君父悔悟則歸期不遠，非必遂為久居之計也。夫旨蓄尚可以禦冬，昏姻緩急所賴，獨不可以託宿乎？爾若不然，則當回首言歸，而復我之邦家，更不再計矣。○**我行其野，言采其葍**。叶職韻，筆力翻。**不思**《白虎通》作「惟」。**舊姻**，《白虎通》作「因」。**求爾**俗本、朱傳作「我」，誤。**新**豐本作「親」。**特**。職韻。**成**《論語》作「誠」。**不以富**，叶實韻，香義翻。亦叶職韻，筆力翻。**亦祇**〔註86〕**以異**。實韻。亦叶職韻，逸職翻。○賦也。「葍」，《爾雅》、《說文》皆以為蕾也。《廣雅》謂之鳥麷。郭云：「大葉白華，根〔註87〕如指，正白，可啖。」陸璣云：「河內謂之蔉，幽州人謂之燕葍，其根正白，可著熱灰中溫啖之，饑荒之歲可蒸以禦饑。漢祭甘泉或〔註88〕用之。」《原始》云：「俗名老鴉蒜。昔生於燕地，今隨處有之。」鄭云：「亦仲春時生。」《風土記》云：「葍，蔓生，被樹而升，實狀如牛角。一枝數枚，味甜如蜜。」戴云：「按此，其蔓即木通。《本艸》云：『木通蔓大者徑三寸，每節有二三枝，實如小木瓜，長三四寸，核黑，穰白。』陳士良云：『實名桴棪子。』陶弘景云：『近道繞樹藤生，汁白，莖有細孔，兩頭皆通，含一頭吹之，氣出彼頭者良。主通利九竅，出音聲，去脾胃中寒熱。』蓋通可去塞，故其治如是也，但未有嚼其根者。」又，《爾雅》云：

---

〔註86〕 「祇」，四庫本作「祇」。
〔註87〕 「根」，底本作「根」，據四庫本、郭璞《爾雅注》改。
〔註88〕 「或」，陸璣《毛詩草木鳥獸蟲魚疏》同，四庫本作「可」。

「菖,蒤茅。」邢昺云:「華白者即名菖,華赤者別名蒤茅。」陸璣言「其帅兩種,赤者有臭氣也」。菖猶有治疾禦饑之用。昏姻之相與,固望其窮則相收,困則相恤也,曾菖之不如乎!「舊姻」,宜臼自謂也。「特」之為言「獨」也。申國新強,足以自立,所謂「新特」也。言我之所以就爾者,豈其不思我父為爾之舊姻,徒以爾國新能自立之故而求爾乎?此二句,反辭也。下文「誠不以富」二句,乃是正意。「成」,通作「誠」。「富」,謂有國之富,土地廣、甲兵眾是也。「異」,謂甥舅情誼異於他人也。我之求爾,實不因爾國強大之故,亦但謂爾如念舊姻之誼,則休戚相關,必有大異於他人者,庶幾其相收恤耳。《論語》云:「齊景公有馬千駟,死之日,民無得而稱焉。伯夷、叔齊餓於首陽之下,民到於今稱之。『誠不以富,亦祇以異』,其斯之謂與?」引《詩》之意,言民之稱譽人,誠不以其人之富,而但以其人之異。雖命意不同,然恍惚可得「富」、「異」之解。按:《禮記·檀弓》篇云:「晉獻公將殺其世子申生,公子重耳謂之曰:『子蓋言子之志於公乎?』世子曰:『不可。君安驪姬,是我傷公之心也。』曰:『然則蓋行乎?』世子曰:『不可。君謂我欲弒君也,天下豈有無父之國乎?吾何行如之?』使人辭於狐突曰:『申生有罪,不敢愛其死。』再拜稽首,乃卒。是以為恭世子也。」《晉語》亦云:「人謂申生曰:『子之罪,何不去乎?』申生曰:『不可。去而釋罪,必歸於君,是惡君也。章父之惡而笑諸侯,吾誰鄉而入?內困於父母,外困於諸侯,是重困也。棄君去罪,是逃死也。吾聞之,仁不惡君,知不重困,勇不逃死。若罪不釋,去而必重。去而罪重,不知。逃死而惡君,不仁。有罪不死,無勇。去而厚惡,惡不可重,死不可避,吾將伏以俟命。』乃雉經於新城之廟,是以諡為共君。」先儒有謂申生自經而死,陷父不義,不得為孝,但得諡恭而已。然則宜臼之被逐奔申,尚有合於大杖則走之義,未有甚失。聖人亦憐其所遭之不幸而錄之與?

**《我行其野》三章,章六句。**《子貢傳》云:「士就窺戚而莫之郵,賦《我行其野》。」朱子亦以為「民適異國,依其婚姻,而不見收恤,故作此詩」。語意固自近似,而為士為氏,孰能詳之?《序》則謂「刺宣王也」。夫下有偷俗,實上之人無以導之,謂刺王是也。獨以為刺宣,則無所據。序詩者但見篇次當在宣王之世,又篇中有「復我邦家」之文,與《黃鳥》篇「復我邦族」相似,因其匯作一處,而遂槩目之為刺王耳。毛、鄭則以為「宣王之末,男女失道,以求外昏,棄其舊姻,而相怨懟爾」。則所云「就爾居」、「就爾宿」者,亦可謂無志節之甚。視《谷風》之婦,相去不啻倍蓰,而又何錄焉?若蘇

轍謂此詩乃「甥舅之諸侯求入為王卿士而不獲者之所作」，毋論其牽強難通，且以爾呼王，成何文理？《申培說》闕。

# 小弁

《小弁》，幽王太子之傅所作，刺幽王也。出《序》。幽王娶於申，生太子宜臼，後得褒姒而惑之，信其讒，黜申后，逐宜臼，其傅憫其無罪，故述太子之情而為之作是詩，出朱《傳》。以冀王之一悟也。宜臼，亦作宜咎。孔穎達云：「以太子不可作詩刺父，故自傅意述而刺之。」按：《竹書》：幽王三年，嬖褒姒。五年，太子宜臼出奔申。此詩當是奔申時所作。高子曰：「《小弁》，小人之詩也。」孟子曰：「何以言之？」曰：「怨。」曰：「固哉，高叟之為詩也！有人於此，越人關弓而射之，則己談笑而道之。無他，疏之也。其兄關弓而射之，則己垂涕泣而道之。無他，戚之也。《小弁》之怨，親親也。親親，仁也。固矣，夫高叟之為詩也！」曰：「《凱風》何以不怨？」曰：「《凱風》，親之過小者也。《小弁》，親之過大者也。親之過大而不怨，是愈疏也。親之過小而怨，是不可磯也。愈疏，不孝也。不可磯，亦不孝也。」羅泌云：「《小弁》，人子之怨其親者也。親，天也，天可怨乎？怨者，親愛之情也。伊人子之於親，惟欲用其情耳。於其親不得而用其情，能無怨乎？雖然，君子之為怨，亦有道矣。思而怨，怨而不訐。是故虞帝怨，申生亦怨，豈若匹夫匹婦自經於溝瀆而人莫之知歟？方幽王之悟也，將放其太子宜臼而殺之。夫為人子而將見殺，此人情之至痛而無告者也。苟於是而不怨，則是陷父不義而致己於不終矣。此《小弁》之所以不得不怨也。兄弟之親，情同手足，安則同安，辱則偕辱。邦分崩，族離析，於此猶得而相忘乎？然則五觀之怨，亦涕泣乎關弓者也。孔子曰：『《詩》可以怨。』此於《詩》所以取《小弁》，於《書》所以取《五子之歌》也。」郝敬云：「竊疑平王與申侯殺父，而棄祖宗〔註89〕累十世之業。孟子許以親親之仁，何也？讀毛《傳》，以為其傅所作，然後其疑頓釋。」

弁彼鸒斯，支韻。歸飛提提。叶支韻，是移翻。民莫不穀，我獨于罹。支韻。亦叶歌韻，良何翻。何辜于天？我罪伊何？歌韻。心之憂矣，云如之何？同上。○興也。「弁」，通作「拚」，拊手之義。鳥之將飛而拊翼似

---

〔註89〕「祖宗」，《毛詩序說》卷五作「先祖」。

之。或通作「般」，謂般旋也。「鸒」，雅烏也，亦名鵯鶋，或作卑居。《說文》云：「楚烏也。」秦謂之雅，或作鴉。張揖云：「純黑而反哺者謂之烏，小而腹下白、不反哺者謂之雅烏。」郭璞云：「雅烏小而多群，江東呼為鵯烏。」孫炎云：「揵為舍人以為壁屋。」又，馬融以為賈烏。嚴粲云：「鴉烏不能反哺，猶己之不能致養，是為不孝自罪之辭也。」孔穎達云：「斯者，語辭。」按：《爾雅》、《禽經》皆名此鳥為鸒斯。揚雄《法言》亦云：「頻頻之黨，甚於鸒斯。」劉孝標作《類苑》，于烏部立鸒斯之目。孫氏云：「詩人以斯為語助者多矣。不然，此篇又有『柳斯』、『鹿斯』，亦將並以為柳、鹿名，可乎？」〔註90〕「歸飛」二字，興意在此。鳥得所歸而飛，不若宜臼之被放逐而無所歸也。「提」之為言「舉」也。「提提」，群飛而高舉之貌。孔云：「此鳥性好群聚，故云『提提』。」陸佃云：「《東都賦》謂『鵯鶋秋棲，鶡鳩春鳴』。今眾鳥秋分皆群集，非特烏也。然至春分輒兩兩而翔，不復群矣。里俗謂之分群。」「穀」，鄭玄云：「養也。」按：五穀所以養人，故有養義。「于」，通作「籲」，歎也。「于嗟麟兮」之「于」。「罹」，《說文》云：「心憂也。」凡民為子，無不得養其父者，我獨所遭不幸，而日惟歎息憂愁之不置也。「辜」，罪也。我之不得於親，疑天實使之，我何所得罪於天而至是乎？且不知我之所以得罪於親者，其故安在乎？遲回自審，以探被放之繇，非謂自反果無缺也。朱子云：「怨而慕也。舜號泣於旻天曰：『父母之不我愛，於我何哉？』蓋如此矣。」「心之憂矣」，終將何道以處此，故曰「云如之何」，乃無聊賴之極而思欲補救之辭。朱子謂「知其無可奈何而安之」，亦非也。○踧踧《爾雅》作「俶俶」。周道，叶有韻，他口翻。鞠《石經》作「鞫」。為茂草。叶有韻，此苟翻。豐本作「艸」。我心憂傷，怒焉如搗。叶有韻，當口翻。《韓詩》、豐本俱作「疛」。陸本作「癰」。假寐永歎，維《論衡》作「惟」。《漢書》作「唯」。憂用老。叶有韻，朗口翻。心之憂矣，疢陸本作「疹」。如疾首。有韻。○興也。「踧」，《說文》云：「行平易也。」「周道」，毛云：「周室之通道。」「鞠」，通作竅，《說文》云：「窮也。」趙頤光云：「竅為茂草。《石經》誤作『鞫』，《注疏》、內本並誤用『鞠』，非是。」「茂」，《說文》云：「草豐盛也。」周道坦平，人所共來往。一旦窮塞化為榛莽之區，以我天倫無故，父子一朝隔絕，何以異此？「怒」，舍人云：「恚而不得之思也。」解見《汝墳》篇。「搗」，《說文》云：「手椎也。」顏師古云：「築也。」孔云：「怒焉悲悶，如有物之搗心也。」

〔註90〕孫奕《示兒編》卷三《經說·鸒斯》。

按：此即《易林》所謂「胸舂」也。鄭云：「不脫衣冠而寐曰假寐。」「永歎」，長歎，解見《泉水》篇。「維憂用老」者，嚴云：「身未老而以憂故老也。」謝枋得云：「事關心者，夢中亦長吁，故曰『假寐永歎』。憂愁多者，年少而發白，故曰『維憂用老』。」「疚」，《說文》云：「熱病也。從病從火。」會意。憂思不解，心火上炎，則頭為之痛。《孟子》所謂「人之有德慧術知者，恒存乎疢疾。獨孤臣孽子，其操心也危，其慮患也深」是也。輔廣云：「憂非特能老人，又能使人病。頭痛最叵忍。『疚如疾首』，則其病甚矣。」朱善云：「此章『憂』之一字，凡三言之。『惄焉如擣』，憂之而至於痛也。『維憂用老』，憂之而至於衰也。『疚如疾首』，憂之而至於病也。」愚按：上章怨己之不得於親而思慕，此則憂親之終棄乎己而自傷也。○**維桑與梓**，紙韻。**必恭敬止。**紙韻。豐本作「只」。**靡瞻匪父，靡依匪母。**叶紙韻，母部翻。**不屬于毛，不離于裏。**紙韻。**天之生我，我辰安在？**叶紙韻，才裏翻。豐本「安在」作「曷以」。○乎興也。此章痛己之遭放而不得近親也。《孟子》云：「五畝之宅，樹牆下以桑。」羅願云：「梓為百木長，室屋之間有此木，則餘材皆不復震其葉。可以飼豕，肥碩十倍。古者見喬木必下而趨，所以廣孝。桑者，母之所事，以供蠶繅。梓者，父之所植，以伐琴瑟。故見之而恭敬之心惕然生焉，不必待於口澤手澤之所漸也。又，梓之為木，有子之道。昔者伯禽之於康叔，見周公，三見而三笞，遂見商子。商子使觀於南山之陽，見喬〔註91〕木高而仰。又使之觀乎北山之陰，見梓焉，晉然實而俯。商子曰：『橋〔註92〕者，父之道也。梓者，子道也。』於是二子再見乎周公，入門而趨，登堂而跪，周公拂其首，勞而食之，則以能子道焉耳。《褋五行書》曰：『舍西種梓楸五，令子孫順孝。』蓋亦此義。」陸佃云：「桑、梓，父之所植，尚或敬之。《禮》曰：『見君之几杖則起。』其類是乎？」劉公瑾云：「古者一夫受五畝宅，二畝半在邑，二畝半在田。田圍牆下植木，此民居之制也。蓋託以起興耳。」「恭」、「敬」，《說文》皆云：「肅也。」《禮記疏》云：「在貌為恭，在心為敬。」又，貌多心少為恭，心多貌少為敬。若通而言之，則恭敬是一。《左傳》云：「恭敬父命。」《士昏禮》云：「敬恭宗父母之言。」《孝經》云：「恭敬安親。」此並恭敬連言，明是一也。朱子云：「瞻者，尊而仰之。依者，親而倚之。」興意言家庭之間有桑、梓焉，以其為父母所植，一望見之，如見父母，尚且恭敬之

〔註91〕 「喬」，四庫本同，羅願《爾雅翼》卷九《釋木・梓》作「橋」。
〔註92〕 「橋」，《爾雅翼》卷九《釋木・梓》同，四庫本作「喬」。

念油然而生，況父母之身，人子之所怙恃，所瞻者惟有一父，他無足為我瞻，所依者惟有一母，他無足為我依，而忍自暌離於膝下乎！傷己既已為父所放，又其母中后早已見黜，不得瞻父依母也。「屬」，《說文》云：「連也。從尾蜀聲。」徐鍇云：「相連續若尾之在體，故從尾。」「毛」者，血之餘。「離」，麗也。「裏」，《說文》云：「衣內也。」此當主皮膚而言，謂與衣之裏相親近者也。今我被放逐，無緣與父母相見，則真若不連接於父母之毛，不附麗於父母之裏矣。天下豈有無父無母之人乎？無所歸咎，則推之於天，曰：我生所遇值之辰果安在哉？豈適逢其凶而然耶？何為使我至此極也？按：日月之會是謂辰，即月建是也。程良孺云：「我辰安在？鄭氏以為『六物之吉凶』。王充《論衡》所謂『睹命祿而知骨體』，即此法也。況小運之法本許慎《說文》『巳』字之訓，空亡之說原司馬《史記》孤虛之術，蓋以五行甲子推人休咎，其術已久矣。」〔註93〕○**菀彼柳斯，鳴蜩嘒嘒。**霽韻。**有漼者淵，**豐本作「閉」。**萑**《韓詩外傳》作「蓷」。《說苑》作「莞」。**葦淠淠。**霽韻。《外傳》作「淖淖」。**譬**陸本、豐本俱作「闢」。**彼舟流，不知所屆。**叶實韻，居吏翻。**心之憂矣，不遑假寐。**真韻。○興也。此章詳己所以見放〔註94〕之故，皆讒言為之。「菀」，茂也。「蜩」，諸蟬之總名。其類不一。若此詩所詠，則《爾雅》所謂「蝒，馬蜩」者也。亦名馬蟬，大如雀，黑色，鳴震岩谷。亦名蜩蜋。《格物論》云：「五月鳴。亦名蚱蟬。」羅願云：「《本草》：『蚱蟬生楊柳上。』《詩》曰：『菀彼柳斯，鳴蜩嘒嘒。』是形大而黑，所謂馬蜩。今夏中鳴者，比眾蟬最大。」《方言》謂之蝒馬，又謂之蟧。《廣雅》謂之蟧蛥。陸佃云：「鄒陽《柳賦》以為『蜩螗厲響，蜘蛛吐絲』，蓋蟬得美蔭則其鳴聲尤清。厲蜩亦蟬之一種，形大而黑，昔人啖之。《禮》有『雀〔註95〕鷃蜩範』是也。」按：「爵鷃蜩範」，皆人君燕食所加庶羞，《記》所謂「範則冠而蟬有緌」者也。「嘒」，《說文》云：「小聲也。」不一其聲，故曰「嘒嘒」。「漼」，《說文》云：「深也。」「淵」，《說文》云：「回水也。」「萑」、「葦」，二草名，解見《蒹葭》篇。「淠」，《集韻》云：「動也。」字從水，如水之動。《詩》「其旆淠淠」是也。菀柳、漼淵，以興朝廷。「鳴蜩嘒嘒」，以興讒言之多。「萑葦淠淠」，以興小人

〔註93〕按：語出程良孺《讀書考定》卷十八《方伎·星命》，稱「宋景濂謂」（《四庫全書存目叢書》子部第97冊，第711頁），原出宋濂《祿命辨》。實非程良孺之說。
〔註94〕「放」，底本誤作「故」，據四庫本改。
〔註95〕「雀」，《埤雅》卷十一《釋蟲·蟷》同，然此語出《禮記·內則》，作「爵」。

之眾，如虢石父、番、聚、蹶、楀之儔皆是也。《說苑》：「東郭子惠問於子貢曰：『夫子之門，何其襍也？』子貢曰：『夫隱括之旁多枉木，良醫之門多疾人，砥礪之旁多頑鈍。夫子修道以俟天下，來者不止，是以襍也。《詩》云：菀彼柳斯，鳴蜩嘒嘒。有漼者淵，莞葦淠淠。言大者之旁無所不容。』」「屆」，《說文》云：「極也。」郭璞云：「有所限極。」徐云：「極即至也。」宜曰被放，如不繫之舟，流於水中，無所依泊，不知其終所至也。孔云：「於時太子奔申，則是有所至矣。言無所至者，棄儲君之重而逃竄舅家，非太子所當至故也。」「遑」，《說文》云：「急也。」不急急求假寐，蓋雖勞苦倦極，欲假寐而有所不得。視前言「假寐永歎」，憂轉深矣。○**鹿斯之奔，維足伎伎。**叶支韻，翹移翻。**雉之朝**豐本作「朝」。**雊，尚求其雌。**支韻。**譬**豐本作「闢」。**彼壞**《爾雅疏》、《說文》俱作「瘣」。**木，疾用無枝。**支韻。**心之憂矣，寧莫之知。**支韻。○興也。《說文》云：「鹿，解角獸，群萃善走。」孔云：「此『鹿斯』與『鴛斯』、『柳斯』，斯皆辭也。」「伎」，通作「跂」，《說文》云：「足多指也。」重言「伎伎」者，以不一其鹿，故見其足指之眾耳。羅願云：「鹿愛其類，發於天性。欲食皆鳴相召，志不忌也。」陸佃云：「古伏羲之世，麗皮為禮。按：《說文》、《集韻》：『麗，旅行也。』鹿之性，見食急則旅行。麗皮，蓋鹿皮也。」今宜曰出奔，孑然一身，絕無與之為偶者，則鹿奔之不如矣。「雉」，解見《兔爰》篇。「雊」，《說文》云：「雄雌鳴也。」雷始動，雉鳴而雊其頸。蔡邕以為「雷在地中，雉性精剛，故獨知之，應而鳴也」。羅云：「雉鴝〔註96〕以足相勾，雉以頸相勾，故雉鴝從句，雉雊亦從句。」雊，一作呴。《夏小正》云：「正月，雉震呴。」《注》云：「震，晨之訛也。爵乳子而集以春，雉求雌而呴以朝。蓋雉當春而雊，桴粥時也。」「雌」，《說文》云：「鳥母也。」鄭云：「雉之鳴猶知求其雌，今太子之放棄，其妃匹不得與之去。」愚按：雉雊在於春初，蜩鳴在於夏半，萑葦、鶖鴒皆秋分時所有。計太子自春初出奔，至此已歷三時矣，故各即其所見以起興。「壞木」，當依《爾雅》、《說文》作「瘣木」。《爾雅》云：「瘣木，苻婁。」《說文》云：「腫旁出也。」陸德明云：「木瘤腫也。」郭璞云：「謂木病尫傴瘣腫，無枝條者。」殷大白云：「奔鹿也而留具群，雉雊也而求其雌。放逐之人，兄弟妻子不得近，若無枝壞木也。悲哉！」「寧」字有怪歎之意。「莫之知」，指王也。此章述己被放出奔之苦，以起下章。蘇、嚴二家皆謂「幽王黜後放子，兀然如傷病之木，內有

---

〔註96〕「鴝」，《爾雅翼》卷十三《釋鳥》同，四庫本作「鷇」。下一處同。

蠱病而外無附枝」。亦通。但奔鹿之擬，既於幽王不倫；即雉雏求雌，豈所以比父母？又，王有褒姒為后，伯服為子，亦未可謂之無雌無枝也。○相去聲。

彼投兔，尚或先叶震韻，蘇晉翻。之。行有死人，尚或墐震韻。《說文》作「殣」。之。君子秉心，維其忍軫韻。之。心之憂矣，涕既隕軫韻。之。興也。此承上章「寧莫之知」而言。「相」，視也。「投兔」，朱子云：「投人之兔也。」導之使前進曰「先之」。劉敞云：「兔為人所驅，急更投人。人哀其窮，則及驅者未至而先存之。兔雖可利，以其可憐，猶存之也。何則？誠不忍其心之窮急也。今俗猶言飛鳥入懷勿殺，殺之不祥。此投兔之比。」「行」，鄭云：「道也。」「墐」，通作「殣」，《說文》云：「道中死人所覆也。」孔云：「墐者，埋藏之名。於道旁，故曰路冢。《左傳》『道墐相望』是也。」兔乃異類，行道之人於我無親，尚有憐而恤之者，以惻隱之心，人所皆有故也。子歸命於父，何啻兔之投人？出亡在外而無所歸，勢亦必轉乎溝壑耳。曾是天性之親，而漠不動念，何哉？兩言「尚或」，意義甚活。雖未必盡然，而亦未必盡無，詞之婉也。「君子」，鄭云：「斥幽王也。」後同。「秉」，執也。「忍」，對不忍看，謂不憐恤。於文心上施刃，割絕之義也。「心之憂矣」，篇中凡五見，至此則付之無可奈何矣。「涕」，解見《澤陂》篇。目〔註97〕涕、鼻液皆是。「隕」，《說文》云：「從高下也。」涕出無聲，見悲之極。徐光啟云：「此詩到此，求哀乞憐之意不復可加，圖回感悟之方更無餘術，已是盡情語盡頭路也。」○君子信讒，如或醻叶宥韻，承咒翻。之。君子不惠，不舒究宥韻。之。伐木掎叶歌韻，居何翻。矣，析豐本作「㭊」。薪豐本作「新」。杝叶歌韻，徒何翻。陸德明本、《讀詩記》、潁濱《集傳》俱作「扡」。矣。舍彼有罪，予豐本作「子」。之佗歌韻。矣。賦而比也。承上章原王心之忍繇於信讒，而為讒者又非一人，此王之所以終不悟也。「醻」，通作「酬」，《說文》云：「主人進客也。」按：主人進灑於客曰獻，客答主人曰酢。主人既卒酢爵，又酌自飲，卒爵，復進賓，曰酬，故謂之導飲。猶今俗人勸酒也。孔云：「酬有二等。既酢而酬賓者，賓奠之不舉，謂之奠酬。至三酌之後，乃舉向者所奠之爵以行之於後，交錯相酬，名曰旅酬，謂眾相酬也。此喻得讒即受而行之，故知是旅酬，非奠酬也。」「惠」，鄭云：「愛也」，字「從心從叀」。徐鍇云：「為惠者，心專也。」會意。「舒」，通作「紓」，緩也。苟亦無

〔註97〕「目」，底本、四庫本作「自」。按：本書卷二十六《澤陂》：「愚按：《增韻》，涕自兼目渧、鼻液二義。」據此改。

信，苟亦無然，所謂舒也。「究」，《說文》云：「窮也。從穴從九。」亦究竟之意。「不舒究」，正根「不惠」來。真德秀云：「父子天性之恩，太子天下之本，幽王一聽褒姒之讒，如受獻酬之爵，得則飲之，曾不少拒。夫讒者之言，驟而聽之，則不能無惑；徐而察之，則可得其情。幽王惟無愛子之心，故一聞讒言，不復舒緩以究其實，而遽加放逐焉，此太子所以不能自明也。雖然，褒姒亦豈能自為讒哉？《國語》謂褒姒有寵，於是乎與虢石父比而逐宜臼。虢石父者，讒諂面諛之人也。幽王立之以為卿士，聘后棄而內妾立，庶孽寵而嫡長危，皆石父實為之也。卒使申侯銜忿，以召戎，幽王死，褒姒虜。宜臼雖立，而東周遷矣。讒人之害至於如此，可不監哉！」「掎」，《說文》云：「偏引也。」按：《左傳》云：「譬如捕鹿，諸戎掎之。」《注》謂「掎其足也」。《釋文》云：「從後牽也。」「析」，《說文》云：「破木也。」「薪」，蕘也，解見《漢廣》篇。「杝」，《說文》云：「落也。」鄭云：「謂觀其理也。」孔云：「杝者，施也。言觀其裂而漸相施及也。」嚴云：「木附著於本根，伐木者既以斧斤伐之，又以繩索從其後牽拽之，以倒其木，使絕離其本根，又薪本一木相聯屬，析薪者既斧之，又以手杝而離之，使一木析而為二。皆喻幽王父子天性本附著聯屬為一體，而讒人橫離絕之也。」「舍」，通作「捨」，釋也。「彼有罪」，謂讒人也。「予」，通作「余」，我也，對彼而言。「佗」，《說文》云：「負荷也。」按：《史記》：「匈奴奇畜有橐佗」，義正取此。今俗訛作「他」，非也。彼讒人者，離間人骨肉，其罪大矣。王捨置不問，乃以彼所搆之虛詞將加罪於我者，悉使我負何之也。又予若如字解，則予乃上下相推予之義。「佗」，當通作「它」，言舍彼有罪之人不加窮治，乃推予其罪於它人。對彼言它，蓋自道也。亦通。

○**莫高匪山**，叶先韻，翰旆翻。**莫浚匪泉**。先韻。**君子無易**去聲。**由言**，元韻。**耳屬于垣**。元韻。無此用「無」字與《谷風》用「毋」字異。下同。**逝我梁，無發我笱**。有韻。**我躬不閱**，《左傳》作「說」。**遑**《左傳》作「皇」。**恤我後**。有韻。○比而賦也。此章專寫去後屬望之意，以結通章。「浚」，毛云：「深也。」山處高，泉處深，嫡庶之分似之。使庶可奪嫡，是山與泉易位也。「易」，輕易也。任意而言曰繇言。鄭訓「繇」為「用」，謂「王無輕用讒人之言」。亦通。「垣」，牆也。王不可輕於其言，恐左右小人窺伺意旨，將有附屬其耳於牆壁之間而竊聽之者。考《竹書》，宜臼奔申在平王五年，至八年始立褒姒之子為太子。計奔申之時，宜臼尚未見廢。《國語》史伯所謂「王欲殺太子，以成伯服，必求之申」是也。故此詩云然，猶倦倦慮王

醉飽之昏，或有溺愛輕許之語，則羽翼伯服者愈多而媒孽宜臼者愈甚。人皆集於菀，誰肯集於枯，勢不至廢立不止矣。《韓詩外傳》云：「孔子侍坐於季孫，季孫之宰通曰：『君使人假馬，其與之乎？』孔子曰：『吾聞君取於臣謂之取，不曰假。』季孫悟告宰通曰：『今以往，君有取謂之取，無曰假。』孔子曰：『正假馬之言，而君臣之義定矣。』」《論語》曰：「必也正名乎！《詩》曰：『君子無易繇言。』名正也。」呂祖謙云：「唐德宗將廢太子而立舒王，李泌諫之，且曰：『願陛下還宮，勿露此意。左右聞之，將樹功於舒王，太子危矣。』此正『君子無易繇言，耳屬于垣』之意。」「無逝我梁」以下，訓俱見《谷風》篇。疑古有此成語，故二詩皆引用之。言我今去後，庶幾勿使人往我之梁，發我之笱，以儲位不可竊據，神器不可黷干也。雖然，我身且不容，誰肯恤我後者乎？婉諷微規，正是望王悔悟見容之意。雖復金鈌長辭，銅龍永絕，而思慕之懷不能自已，故曰「《小弁》之怨，親親也。親親，仁也。」

　　《小弁》八章，章八句。《漢書》篇名作《小卞》。○趙岐《孟子注》云：「伯奇仁人而父虐之，故作《小弁》之詩，曰：『何辜于天？』親親而悲怨之詞也。」中山勝亦如此說。劉更生且以伯奇為王國子正，謂繼母欲立其子伯封而譖之王，王以信之。王充《論衡》亦云：「伯奇放流，首髮早白，故詩云：『惟憂用老。』」《子貢傳》、《申培說》翕然同辭，而以為「吉甫之鄰大夫所作」。按：《琴操》云：「尹吉甫子伯奇事親甚孝，甫娶後妻，欲害伯奇，乃取蜂去尾而自著衣領上，伯奇恐其螫也，趨而掇衣。後妻呼曰：『伯奇牽我衣。』甫聞之曰：『唉！』伯奇懼走之野，履霜以足，采楟花以食。其鄰大夫憫伯奇無罪，為賦《小弁》，以諷吉甫。吉甫悟，逐後妻，而召伯奇。伯奇至，請父復後母，吉甫從之。後母感伯奇孝化而為慈。」諸家之說，蓋本於此。但果如所云，則不過關人家庭之事，於義小矣。且「踧踧周道，鞠為茂草」，此豈伯奇之言哉？又，《韓詩》及曹植皆謂「吉甫信後妻之讒，殺孝子伯奇。其弟伯封求而不得，作《黍離》之詩」，則與《琴操》言吉甫感悟者更相矛盾。總之，皆委巷傳訛之語，要不足信。

# 蓼莪

《蓼莪》，孝子思養也。疑亦太子宜臼之傅所作。因宜臼被廢於外，代為思親之辭，將使人諷誦，以感悟幽王也。《孔叢子》載孔子曰：「於《蓼莪》見孝子之思養也。」愚按：此詩與《小弁》同意。何以知之？以

二詩詞相吻合知之。《小弁》曰「靡瞻匪父，靡依匪母」，此曰「無父何怙，無母何恃」。《小弁》曰「不屬于毛，不離于裏」，此曰「父兮生我，母兮鞠我。拊我畜我，長我育我。顧我復我，出入腹我」。《小弁》曰「民莫不穀，我獨于罹」，此曰「民莫不穀，我獨何害。民莫不穀，我獨不卒」。殆若出一吻然者。乃《小弁》慕而兼怨，此詩慕多怨少，其言更悲，其情更切矣。昔者，魏文侯有子曰擊，次曰訴。訴少而立以嗣，封擊中山，三年莫往來。其傅趙蒼唐曰：「父忘子，子不可忘父，何不遣使乎？」擊曰：「願之而未有所使也。」蒼唐曰：「臣請使。」擊曰：「諾。」蒼唐至，文侯曰：「中山之君亦何好乎？」對曰：「好《詩》。」文侯曰：「於《詩》何好？」曰：「好《黍離》與《晨風》。」文侯曰：「《黍離》何哉？」對曰：「彼黍離離，彼稷之苗。行邁靡靡，中心搖搖。知我者謂我心憂，不知我者謂我何求。悠悠蒼天，此何人哉！」文侯曰：「怨乎？」曰：「非敢怨也。時思也。」文侯曰：「《晨風》謂何？」對曰：「鴥彼晨風，鬱彼北林。未見君子，憂心欽欽。如何如何，忘我實多。」於是文侯大悅，曰：「欲知其子，視其母。欲知其君，視其所。使中山君不賢，惡能得賢？」遂廢太子訴，召中山君以為嗣。今宜臼之傅，其委曲調護，不下於蒼唐也。蒼唐能稱《詩》以悟文侯，此傅屢作詩，終不能悟王，則以其惑志於豔妻者甚耳。又，所以知此詩及《小弁》非太子自作者，以太子立言仁孝如此，不應他日有弒父戍申之事。

**蓼蓼者莪，匪莪伊蒿。**豪韻。**哀哀父母，生我劬勞。**豪韻。○比也。「蓼」，艸蒼茜貌。解見《蓼蕭》篇。「莪」，解見《菁莪》篇。「蓼蓼者莪」，言非一莪，蓋以櫱比天下之為人子者。「蒿」，《爾雅》云：「菣也。」又云：「蘩之醜，秋為蒿。」以菣雖專得蒿之名，而蘩之類如蕭、如莪在春時種名各異，至秋老成，通呼為蒿。詳味詩意，此蒿正指蘩之醜言，非謂菣也。晏子云：「蒿，草之高者也。」羅願云：「古者言蒿，以為非美物者。涼秋九月，枝幹益高，荒壇枉徑，蕪穢不治，故蒿者農惡之。《明堂月令》：『違天時，則藜莠蓬蒿並興。』管仲戒威 [註98] 公封禪，亦稱：『今鳳凰、麒麟不至，嘉禾不生，而蓬蒿藜莠茂，鴟鴞群翔。而欲封禪，無乃不可乎？』桓公為是而止。然則蒿者，蓋非農祥也。」嚴粲云：「始生為莪，長大為蒿。以莪形蒿，莪美而蒿惡。莪始生，香美可食。至秋，高大為蒿，則粗惡不可食。故菁莪以喻人材，而蒿

---

〔註98〕「威」，四庫本作「桓」。《爾雅翼》卷四《釋草‧蒿》亦作「桓」。

正為鹿食也。其始為莪，猶可食，其後為蒿，則無用。喻父母生長我身，至於長大，乃是無用之惡子，不能終養也。此孝子自怨其身之辭也，與《凱風》言棘非美材，僅堪為薪之意正同。」「哀」，徐鉉云：「閔痛之形於聲也。於文口衣為哀。衣，哀聲也。」「哀哀」，二字聲氣略歇，以「父母」連下句看。重言之者，《爾雅》云：「懷報德也。」報德則兼父母也。「生我」，不專指始生言。如第四章所云，皆所以生我者。「劬」，勤。「勞」，劇也。其勞頻數，謂之劬勞。父母生我，何等劬勞。今我之不才如此，有負父母多矣。晉王裒父儀為文帝所殺，哀痛父非命，未嘗西向而坐，示不臣朝廷也。隱居教授，廬於墓側，旦夕拜跪，攀柏悲號，涕泣著樹，樹為之枯。及讀《詩》至「哀哀父母，生我劬勞」，未嘗不三復流涕。門人受業者並廢《蓼莪》之篇。齊顧歡早孤，讀《詩》至「哀哀父母」，輒執書痛泣，緣是受學者廢《蓼莪》篇，不復講焉。二事大相類。又，孟元方誦《詩》至《蓼莪》篇，必哀咽不已。唐太宗生日，謂群臣曰：「吾今日生日，世俗皆為樂，在朕翻成傷感。今君臨天下，富有四海，而欲承顏膝下，永不可得。此子路有負米之恨也。《詩》曰：『哀哀父母，生我劬勞。』奈何更以劬勞之日為宴樂乎？」因泣數行下，左右皆悲。○**蓼蓼者莪，匪莪伊蔚**。叶實韻，讀如菱，於偽翻。**哀哀父母，生我勞瘁**。實韻。《英雄記》作「悴」。○比也。「蔚」，《爾雅》云：「牡菣也。」陸璣云：「牡蒿也。三月始生，七月華，華似胡麻而紫赤。八月為角，角似小豆角，銳而長。一名馬新蒿。」邢昺云：「蔚即蒿之雄無子者，故云牡菣〔註99〕。」羅云：「『匪莪伊蒿』，蒿猶有子者。『匪莪伊蔚』，蔚則無子。蓋今青蒿葉端皆作子如米大，蔚獨無爾，以見父母得我之難也。今皆無報矣，則有我之不如無也。且蔚又治無子，亦寓其意焉。《本草》謂之馬先蒿。」愚按：「匪莪伊蒿」，蒿即莪所成，稚為莪，壯為蒿也。比宜臼幼見立為太子，亦以美材視之。長以不材失愛，故被廢也。「匪莪伊蔚」，「蔚」與「莪」異類。莪有子，蔚無子。人為莪，我則蔚也。比凡人有子，望其嗣續。若宜臼見遂於外，父母不以為子，一身子然，此後永無嗣續之望，雖有子猶之乎無子也。「瘁」，通作「顇」，憔顇也。劬勞而至於瘁，勞苦見於貌也。念生我之勞瘁而我不能以子報，其哀奚如？○**瓶之罄**《說文》、豐氏本俱作「窒」。**矣，維罍之恥**。紙韻。**鮮民之生，不如死之久**叶紙韻，苟起翻。**矣。無父何怙，無母何恃**。叶實韻，嘗

利翻。**出則銜恤，入則靡至。**眞韻。○比而賦也。「瓶」，《說文》云：「甕也。」或從瓦作「甁」。瓶有二義。有以為酒器者。《禮記》：「孔子曰：『夫奧者，老婦之祭也，盛於盆，尊於瓶。』」《疏》以為「盛食於盆，盛酒於瓶也」。有以為汲器者。《易·井》卦言「羸其瓶」、揚雄《酒賦》言「觀瓶之居，居井之眉」是也。「罍」，《說文》云：「器中空也。」罍之用不一。有盛酒者。《周禮·鬯人》「社壇用大罍」，以盛鬯也。《司尊彝》祠、礿、嘗、蒸皆有罍。及《詩·卷耳》「酌彼金罍」者，盛酒也。有盛水者。《儀禮》「罍水在洗東」是也。罍有大有小。《爾雅》釋盛酒器有彝、卣、罍三者。孫炎以彝為上，卣為中，罍為下。邢昺據《毛詩》說，謂「罍大一碩，乃尊之大者」。今按：《爾雅》又云：「小罍謂之坎。」則罍之小者別名坎，其大者自名罍。邢說是也。舊說謂罍金飾龜目，刻為雲雷之象，又取象雲雷博施，如人君下及諸臣，故名為罍。張萱解云：「大罍，震也。小罍，坎也。」其說奇矣。「恥」《說文》云：「辱也。」《禮圖》云：「罍大一斛。」其所容甚多。瀉酒於瓶，以供斟酌，故瓶罄而罍恥也。瓶小，喻子。罍大，喻父母。此瓶罍皆當主酒器言。瓶之充實，皆罍所注，以比子之免於飢寒皆父母所恤。今宜臼被逐在外，無以為生，誰獨無子，而使之至此，為父母者寧不欿然於心？此慕而兼怨之辭。蓋以骨肉至情動之，庶幾王之轉念也。然以恥貽父母，則人子之罪益甚，言外亦有痛自刻責意。《左·昭二十四年》：「鄭伯如晉，子大叔相，見范獻子。獻子曰：『若王室何？』對曰：『老夫其國家不能恤，敢及王室？抑人亦有言曰：嫠不恤其緯，而憂宗周之隕，為將及焉。今王室實蠢蠢焉，吾小國懼矣。然大國之憂也，吾儕何知焉。吾子其早圖之！《詩》曰：缾之罄矣，維罍之恥。王室之不寧，晉之恥也。』獻子懼，乃徵會於諸侯。」《傳》引《詩》意，以瓶自喻，以罍喻晉，謂寧王室乃晉之責，意雖似而比類欠順。又，嚴云：「瓶以汲水，罍以盛水。瓶汲水以注於罍，猶子之養父母。瓶罄竭則罍無所資，為罍之恥，猶子窮困則貽親之羞也。亦通。」然與宜臼被廢事不合，故不從。「鮮」，通作「尟」，《說文》云：「少也。」俗作「尠」，非。「民」，庶民也。宜臼居東宮之貴，而其所遭乃凡民之不若，故每以民對言。「鮮民之生」，猶云無生人之樂。民間父子，膝下相歡，雖在貧賤，猶有生意也。痪疾孤窮，速死為幸。曰「不如死之久矣」，痛切之言也。《大戴禮》，孔子引逸《詩》曰：「魚在在藻，厥志在餌。鮮民之生矣，不如死之久矣。」言君好貪利興師，民困兵革，鮮有生

者，則不如速死也。「怙」義訓「恃」，「恃」義訓「賴」。「無父何怙」者，言非父則子何所依怙，非以父死為無父也。下句放此。時申后已被廢，倘幽王聞《詩》而悟，則將復立申后，召還宜臼，父母與子皆可聚首如初。故《小弁》及此詩皆以父母並言，非以母呼褒姒也。「出」，謂糊口四方。「銜」，馬銜也。行馬所用，含之口中，以金為之，故字從金從行，與「含」同意。「恤」，憂也。《通論》云：「於文心血為恤。血，恤聲也。血亦心之至也。」「入則靡至」，所謂如窮人無所歸也。此皆放逐後之語。孔穎達云：「出門則中心銜憂，旋來入門則堂宇空曠，不復睹見。如行田野，無所有至，是其所以悲恨也。」唐鶴徵云：「抱苦在心，鬱鬱不自得。神魂不定，憒憒靡所之。『銜恤』、『靡至』，四字形容真切。」○父兮生我，母兮鞠屋韻。我。拊《後漢書》作「撫」。我畜屋韻。我，長上聲。我育屋韻。我。顧我復屋韻。我，出入腹屋韻。我。欲報之德，職韻。昊《漢書》作「皥」。天罔極。職韻。○賦也。此章皆父母所以生我者，正「劬勞」、「勞瘁」之實也。鄭《箋》云：「父兮生我者，本其氣也。」「鞠」，通作「匊」，《說文》云：「兩手曰掬。」子幼而母時常置手中以玩弄之，所謂愛惜如掌上之珠也。「拊」，《說文》云：「揗也。」《史記》：「淮南拊揗其民。」謂撫摩身體，察其肥瘠，憂其疥鮮也。「畜」，兼止與養二義。既乳哺之，又謹其出入，察其起居，藏之堂奧之中，惟恐其有疾病，所以善其養也。「長」者，謝云：「如南方之長養萬物，調和其身體，滋養其血氣，日夜望其長大也。」「育」，《說文》云：「養子使從善也。從㐬肉聲。」按：㐬，音突，乃子字之倒體。徐鉉云：「㐬，不順子也。不順子亦教之，況順者乎！」謝云：「如《易》曰『育德』，《孟子》曰教育英才，涵養其德性，發抒其志氣，開導其聰明，日夜望其成人也。」「顧」，《說文》云：「還視也。」嘗目在之，察其所行之是否也。「復」者，反覆之義。丁寧反覆，諄諄然命之也。「出入」，主父母言。「腹」，鄭云：「懷抱也。」自少至長，倦倦置之於懷，出入以之，不暫釋也。「掬」、「拊」、「畜」，三事次於「生」之後，皆以養言。「育」、「顧」、「復」三事次於「長」之後，皆以教言。「出入腹我」，則總括教養而言。養所以全其生，教所以善其生，皆本於父母愛子之心為之也。連下數「我」字，撫躬自念，淒其欲絕。《韓詩外傳》引此《詩》云：「夫為人父者，必懷慈仁之愛，以畜養其子，撫循飲食，以全其身。及其有識也，必嚴居正言，以先導之。及其束髮也，授明師以成其技。十九見志，請賓

冠之，足以死其意。血脈澄靜，娉內以定之，信承親授，無有所疑。冠子不
言，髮子不笒，聽其微諫，無令憂之。此為人父之道也。」舊說皆主幼時言，
則畜謂乳之，育謂哺之。其「顧我復我，出入腹我」二語，謝謂「父母行而兒
不隨，則回顧之。兒行而父母不隨，則追喚之父。母有所往，將出門，懷抱其
子而不忍捨。父母自外歸，既入門，懷抱其子而未肯置」。嚴謂「兒稍長，行
戲於地，父母或去，則回首以顧視之。且顧之又顧，反覆不能暫捨，愛之之至
也。在家容其行戲，或自內而出外，或自外而入內，未可令其自行，則抱之於
懷。此曲盡父母愛子之情也」。二說雖微不同，然皆〔註100〕摹寫逼真，令人
回想父母，深思不覺潸然泣下，故備錄之。《禮記疏》云：「謝其恩謂之報。」
《儀禮疏》云：「感恩者皆稱報。」鄭云：「之猶是也。」按：《莊子》言「之
人也，之德也」，字法同此。「之德」，指上文「生我」以下六句言。「昊天」，
孔安國云：「元氣昊然廣大也。」言欲報父母是德，而其德廣大，如天無窮，
不知所以為報也。唐孟郊有詩云：「誰言寸艸心，報得三春暉。」意本於此。
今我既見逐於外，且不能自比於人子，況言報乎！痛當奈何也！郝敬云：「君
之恩，捐軀足報，以身為吾有也。至於親，則身亦親之有也，雖捐軀莫報也。
而況身之外乎！而況身之外且不能致之親乎！哀痛可勝道哉！」嚴云：「讀此
詩而不感動者，非人子也。」又，章潢云：「天之天德曰生。故論德之罔極者，
必歸諸天也。以天德之大而欲報之，難矣。子之於親，雖莫不受其鞠育之恩，
若難乎與天並也。然得天地之塞以成形，而所以成其形者，非親乎？得天地
之帥以成性，而性即秉於賦形之始，所以成其性者，非親乎？形性合而成人，
天親原自合一，以其生生者一也。窮神善繼其志，知化善述其事，踐形惟肖，
果在天為肖子，即為父母之孝子，所以孔子謂『能敬其身，則能成其親。仁人
之事親也如事天，事天如事親，是故孝子成身』，此之謂也。」○**南山烈烈**，
豐本作「峛峛」。**飄**陸德明本作「票」。後同。**風發發**。叶匐韻，北末翻。**民
莫不穀，我獨何害！**叶曷韻，何葛翻。○興而比也。「南山」，南面所向之
山。「烈」，通作「列」，分布之義。峰巒相錯，故重言「列列」也。此即所見
起興，亦以比人之父父子子各有定位，如山之峙，高卑羅列也。「飄風」，回風
也。《荀子》謂「輕利僄速，卒如飄風」，即此。「發」，如矢之發，言其疾也。
非一發而已，曰「發發」也。此讒言之比。又，王吉云：「《詩》曰：『匪風發

---

〔註100〕「皆」，四庫本作「其」。

兮。』說者曰：是非有道之風也，發發者。」〔註101〕「民莫不穀」，解同《小弁》。「害」，傷也。民皆得養其父母，我獨為何人所傷害而不得共子職，蓋斥褒姒及虢石父輩也。○**南山律律**，豐本作「崔崔」。**飄風弗弗**。叶月韻，讀如忽，呼骨翻。**民莫不穀，我獨不卒**。月韻。○興而比也。「律」，《說文》云：「均布也。」「律律」，亦「列列」之意，以比凡人父父子子無不各得其所者。「弗」，通作「拂」，《說文》云：「過擊也。」徐云：「擊而過之也。」「卒」，通作「猝」，《說文》云：「大夫死曰猝。」我既被逐於外，不得事親，而獨不死，何也？深自恨之辭。

　　《蓼莪》《隸釋》漢碑作「儀」。亦作「義」。六章，四章章四句，二章章八句。《序》云：「刺幽王也。民人勞苦，孝子不得終養爾。」《後漢》陳忠疏亦云：「《孝經》始於愛親，終於哀戚。上自天子，下至庶人，尊卑貴賤，其義二也。夫父母於子，同氣異息，一體而分，三年乃免於懷抱。先聖緣人情而著其節，制服二十五月。是以《春秋》〔註102〕『臣有大喪，君三年不呼其門』。閔子雖要絰服事，以赴公難，退而致位，以究私恩，故稱『君使之非也，臣行之禮也』。周室陵遲，禮制不序，《蓼莪》之人作詩自傷，曰：『缾之罄矣，維罍之恥。』言己不得終竟子道者，亦上之恥也。」蓋相傳云爾。愚獨有疑者。如《序》言「民人勞苦」，則不獨孝子為然。乃篇中云「民莫不穀」，何說？至不得終養之解，相沿以為二親病亡之時，在役所，不得見之也，豈真偕亡耶？天奚禍彼人之酷若是？固哉，其為《詩》矣！《子貢傳》闕文。《申培說》則謂「王室昏亂，讒邪肆行，其大夫士有役而不得其所者，孝子痛傷而作是詩」。此特影響王裒之事，而強為說以傅之，尤鄙陋不根之甚。

# 十月之交

《十月之交》，大夫刺幽王也。出《序》。幽王之世，褒姒用事於內，皇父之徒亂政於外。六年之冬，日食陽月，大夫惡之，故作此詩。

〔註101〕按：《漢書》卷七十二《王吉傳》：「《詩》云：『匪風發兮，匪車揭兮，顧瞻周道，中心怛兮。』說曰：是非古之風也，發發者；是非古之車也，揭揭者。」另，《埤雅》卷十九《釋天‧風》：「《詩》曰：『匪風發兮，匪車偈兮。』說曰：『匪風發兮，是非有道之風也，發發者；匪車偈兮，是非有道之車也，偈偈者。』」

〔註102〕按：《公羊傳‧宣公元年》：「古者臣有大喪，則君三年不呼其門。」

谷永云：「古之王者廢五事之中，失夫婦之紀，妻妾得意，謁行於內，勢行於外，至覆傾國家，惑亂陰陽。昔褒姒用國，宗周以喪；閻妾驕扇，日以不臧。此其效也。《傳》曰：『皇之不極，是謂不建，時則有日月亂行。』誠修後宮之政，明尊卑之序，抑褒閻之亂，息《白華》之怨，後宮親屬饒之以財，勿與政事，以遠皇父之類，捐妻黨之權，未有閨門治而天下亂者也。」劉向云：「眾賢和於朝，則萬物和於野，天應報於上，此皆以和致和，獲天助也。幽、屬之際，朝廷不和，轉相非怨。君子獨處守正，不撓眾枉，勉強以從王事，則反見憎毒讒愬。故其詩曰：『密勿從事，不敢告勞。無罪無辜，讒口嗷嗷。』當是之時，日月薄蝕而無光。其詩曰：『朔日辛卯，日有蝕之，亦孔之醜。』天變見於上，地變動於下，水泉沸騰，山谷易處。其詩曰：『百川沸騰，山冢卒崩。高岸為谷，深谷為陵。』自此之後，天下大亂，篡殺殃禍並作。繇此觀之，和氣致祥，乖氣致異。祥多者，其國安。異眾者，其國危。天地之常經，古今之通義也。」班固云：「懸象著明，莫大乎日月，是故聖人重之。於《易》，在《豐》之震曰：『豐其沛，日中見昧。折其右肱，亡咎』，於《詩·十月之交》則著卿士、司徒，下至趣馬、師氏，咸非其材，同於右肱之所折，明小人乘君子，陰侵陽之原也。」丁鴻云：「昔周室衰季，皇甫之屬專權於外，黨類彊盛，侵奪主埶，則日月薄食。」按：《竹書》紀幽王元年，錫皇父命。二年，涇渭雒竭，岐山崩。三年，王嬖褒姒。冬，大震電。四年夏六月，隕霜。五年，王世子宜臼出奔申，皇父作都于向。六年冬十月辛卯朔，日有食之。其事與此詩及《正月》之詩合。又，愚疑此詩為贄御之臣所作，說見《雨無正》篇《小引》下。

**十月之交**，朔月《前漢書》、《後漢書》、朱《傳》、《讀詩記》、蘇子縶本、《大學衍義》、《詩大全》俱作「日」。**辛卯**。叶有韻，莫後翻。**日有食**《漢書》作「蝕」。**之，亦孔之醜**。有韻。**彼月而微**，韻。**此日而微**。同上。**今此下民，亦孔之哀**。叶微韻，於希翻。○賦也。「十月」，蘇子縶、陳少南、朱子、嚴華谷皆謂「夏正建亥之月也」，《緯書》、《竹書》、鄭《箋》以為「周正建酉之月」。元齊履謙云：「以《授時曆》推之，周幽王六年歲在乙丑，距延祐丁巳二千九十二年，是歲實以夏正八月辛卯朔入食限，是周人改月數之一證。」邢雲路亦云：「以元郭守敬授時法上推，周幽王六年乙丑十月建酉朔，辛卯日辰時日食。」梁太史令虞劚、唐僧一行亦步得是日日食。今按：虞劚造梁《大同曆》，推此食在幽王六年，而未明言此為八月。一行定朔之法本

乎傅仁均。仁均造唐《戊寅元曆》，列其大要。所可考驗者七事，其三曰：周幽王六年十月辛卯朔日蝕。與《詩》合。亦未明言此十月乃夏之八月也。愚以三議推之，則建酉之說似未可信。一者，先儒謂《詩》有夏正，無周正，如《七月》之詩皆夏正也。章潢云：「《小雅·出車》章曰：『春日遲遲，卉木萋萋。倉庚喈喈，采蘩祁祁。』《周頌·臣工》章曰：『維暮之春，亦又何求。如何新畬，於皇來牟，將受厥明。』使周果改時，則春日、暮春必夏之正月也。正月安得有遲遲、萋萋、喈喈、祁祁之景，而來牟安得有將熟之徵乎？至於『四月維夏，六月徂暑』，『秋日淒淒，百卉俱腓』，『冬日烈烈，飄風發發』，其未改時與月也，又不待訓釋而自明矣。夫《詩》皆夏正，而何獨以此為周正乎？」一者，食當八月，則是秋分。《左·昭二十一年》：「秋七月壬午朔，日有食之。公問於梓慎曰：『是何物也？禍福何為？』對曰：『二至二分，日有食之，不為災。日月之行也，分，同道也；至，相過也。其他月則為災。』於是叔輒哭日食。昭子曰：『子叔將死矣，非所哭也。』八月，叔輒卒。」是則八月日食未足為災。乃孔穎達又引《左·昭七年》，四月甲辰朔，日有食之。周之四月乃夏正二月。晉侯問於士文伯曰：「誰將當日食？」對曰：「魯、衛惡之。衛大魯小。」公曰：「何故？」對曰：「去衛地如魯地，於是有災，魯實受之。其大咎，其衛君乎！魯將上卿。」其年八月，衛侯惡卒。十一月，季孫宿卒。以此為春分之月日食有災之驗。按：即如孔所駁，分月之災所應僅在侯國，未至若此詩孔醜之云。明其將有大變，應在幽王驪山之事，則以陽月之災為古人所甚忌故也。一者，古曆年之某歲某甲子，其真否總未可知。如《尚書·胤征》篇「季秋月朔，辰弗集於房」，虞劇以為元年，僧一行以為五年，以授時法步之，在仲康六年丁丑歲九月辛巳朔日食，其餘前後十餘年之九月朔，俱不入時限。據授時法步此詩日食，既與劇、一行同，何仲康之食差殊若此？班固云：「周不班朔，魯曆不正，置閏不得其月，月大小不得其度。」王應麟亦云：「黃帝、顓頊、夏、殷、周、魯六曆皆無推日食法，但有考課疏密而已。嘗考《通鑒》、《皇極經世》，秦始皇八年，歲在壬戌。《呂氏春秋》則云：『維秦八年，歲在涒灘。』涒灘者，申也。曆有二年之差。後之算曆者，於夏之『辰弗集房』、周之『十月之交』，皆欲以術推之，亦已疏矣。」據此三議，皆足以破建酉之說，故當從夏正解為長。而孔氏又引王基云：「以曆較之，自共和以來，當幽王世，無周十月、夏八月辛卯交會，欲以此會為共和之前。」其說更疏謬無據。今但即詩辭以求時事，則其在幽王世明矣。十月謂之陽月。

孔云:「日月之食,本無常時,惟正月之月,君子忌之。」沈括云:「先儒以日食正陽之月,止謂四月,不然也。正陽乃兩事,正謂四月,陽謂十月,『歲月陽止』是也。《詩》有『正月繁霜』、『十月之交,朔月辛卯,日有食之』二者,此先王所惡也。蓋四月純陽,不欲為陰所侵;十月純陰,不欲過而干陽也。」蘇轍云:「四月純陽,故謂之正月。十月純陰,故謂之陽月。純陽而食,陽弱之甚也。純陰而食,陰壯之甚也。」《類占》云:「十月日食,乃六陰之極,陰冒其陽,君昏信讒,陰謀作亂。」毛《傳》云:「之交,日月之交會。」孔云:「日月行相逮及,交而會際,故云交會。」朱子云:「謂晦朔之間也。」按:會與交不同。會但言其同度而已,交則同度又當交道也。會不必食,會而交則食,曆家所謂交食是也。故此詩特以交言。《古曆緯》及《周髀》皆云:周天三百六十五度四分度之一,每度九百四十分算,四分度之一,該二百三十五分,計共行過三百六十五度二百三十五分,日月皆右行於天。日,日行一度。月,日行十三度十九分度之七。以每度九百四十分剖為十九分,每分該四十九分四釐七毫三絲六忽八微四塵有奇,於十九分中得其七,計於十三度外,又行過三百四十六分三釐一毫五絲七忽八微九塵有奇。蓋天行至健,每一晝夜,繞地一周,又過一度,以其行過處一日作一度,至三百六十五日四分日之一則適合其初起之度,謂之一期,而周天之數遂為三百六十五度四分度之一。凡星辰遠近之相去,月與五星之行皆以其度為度焉。度之為言數也,則也。天本無度,以與日離合而有度之名。在天成度,在曆成日。天體員,故日東西行,其周布本東西,而縱橫南北,皆以其度為數。月行疾於日,日行積三百六十五日九百四十分日之二百三十五,而與天會。月行二十七日有奇,而行天一周,又二日,追及於日,計積二十九日九百四十分日之四百九十九,而與日會。方會,則月光都盡而為晦。已會,則月光復蘇而為朔。一歲之會,凡有十二次。十有一月會於星紀之次,十有二月會於玄枵,正月會娵訾,二月會降婁,三月大梁,四月實沈,五月鶉首,六月鶉火,七月鶉尾,八月壽星,九月大火,十月析木,亦名十二辰也。日月相去,近一遠三,謂之上弦、下弦。日月相去百八十二度六十二分有奇,分天之中,謂之望。日有中道,月有九行。中道者,黃道,亦曰光道。光道北至東井,去北極近,為夏至;南至牽牛,去北極遠,為冬至;東至角,西至婁,去極中,為春、秋分。九行者,黑道二,出黃道北;赤道二,出黃道南;白道二,出黃道西;青道二,出黃道東。立春、春分,月東從青道。立秋、秋分,西從白道。立冬、冬至,北從黑

道。立夏、夏至，南從赤道。八行與中道而九，是謂九道。月不行中道，但此八道皆斜出入於中道內外。凡日行，不可指而知也。以二至、二分之星為候，至月行則以晦朔決之。春分，月上弦在東井，望於角，下弦在牽牛。秋分，月上弦在牽牛，望於婁，下弦在東井。此於日如繩衡往來流通而相應也。日行黃道，陽路也。月者，陰精，不繇陽路，故或出其外，或入其內。出入去黃道不得過六度，入十三日有奇而出，出亦十三日有奇而入，凡二十七日有奇，而一入一出矣。又，沈存中謂「黃、赤諸道，第欲以別算位，如算法用赤籌、黑籌，以別算位而已，非真有黃、赤等色也。日月異道，有時而交，交則相犯。交道有二，朔交為交初，望交為交中。曆家為日月交會之術，大率以百七十三日有奇為限，朔而日月之會，東西同道，南北同度，則月掩日而日為之食。望而日月之對，同度同道，則日衝月而月為之食，是之為交食。如月或在日道表，或在日道里，則不食矣」。日之所以食者，朱子謂「日嘗在上，會時月在下面，遮了日，故日食」。劉保齋亦云：「日輪大，月輪較小。日道近天在外，月道近人在內。日食既時，四面猶有光溢出，可見月輪小，不能盡掩日輪也。日月合朔時，月常在內，未有日在內者，故月食日也」。何孟春深然之，謂「日外月內者，日，火也，月，水也。此日月之行，所以有上下之異」。而劉孝榮則謂「朔旦之日，日月同宮，如月在日上，掩太陽而過，則日光為所遮」。即朱子他日亦云：「日月會合處，月合在日之下，或反在上，故蝕。」二者說皆可通。而謂月在日下，則理較可信也。月之所以食者，朱子謂「火日外影，其中實闇，至明中有闇虛，其虛至微，望時月與之對，無分毫相差，為闇虛所射，故食」。保齋亦云：「曆家所謂闇虛，言月為日所暗，而非日之實體暗之，乃日之虛衝耳。如點燈者，當正爐炭炎熾之尖所衝射，則燈反不然。」卓爾康亦云：「日月異道，有時而交。道不正交，則日斜照月，故月光更盛。道若正交，則日衝當月，故月光即滅。譬如火斜照水，日斜照鏡，則水鏡之光旁照他物。若使鏡正當日，水正當火，則水鏡之光不能有照。日之奪月亦猶是也。」而孝榮則謂「月受日為明，望夜正與日對，故一輪光滿。或月行有遲疾先後，日光所不照處則為食」。張鼎思亦云：「月非以抗日而食也，乃與日對時，不全合耳。一分不對則食一分，數分不對則食數分。頃之，復其當行之道而相對，則復滿矣。」二說皆可通。而謂闇虛所射，則理較可信也。大抵月本無光，沈括謂「如銀丸，日耀之乃光」。《皇極外書》亦言「月本黑，受日之光而白，故魄掩日則日為之食。當日闇虛，日光不及照，則為日所食。以掩闇有

表裏淺深，故食有南北多少」。又，星家祖西天法，以為交初者，羅睺所為，亦名天首；交中者，計都所為，亦名天尾。自交初至交中，月在黃道外，名陽曆，乃背羅向計之處。自交中至交初，月在黃道內，名陰曆，乃背計向羅之處。月道猶水道，日道猶陸道，而羅、計猶橋道，然隱暗不可見，於是為入交法以求之。其說殊無據。若李日華述利瑪竇之說，謂「日大於地，地大於月，地之最高處有闕。日月行度適當闕處，則光為映蔽而食」，其膚甚矣。萬尚烈云：「『十月之交』四字最有意義。按：曆家日月之交也有限，其交會之法，日行黃道，月不行黃道，只行其餘八道。每行一道，必隨黃道而斜出其旁，半在黃道之裏，半在黃道之表，或高而出黃道之上，或低而出黃道之下。然其高低上下，與黃道相去約計六度。方其在表，謂之入陽曆；方其在裏，謂之入陰曆。曆者，日之所歷也。入曆之時，正其入表裏之際，或相迫相偪，或兩道相合，遂交而觸。以其交媾而觸，故謂之交觸。故驗日食者，必以日纏月道之交驗之。月一歲十二次經天，惟有兩次與日會，約計一百七十三日有奇而有一交，日方有食，此常度也。故《左傳》曰：『二至二分，日有食之，不可為災。』此而曰『十月之交』，非分非至，失其常度，正謂之災。愚以為四字最有意義者此也。」「朔月」，謂十月之朔日，即交之日也。史繩祖云：「朔日也而乃謂朔月，蓋月，朔之反辭也。亦猶《書》之『月正元日』乃正月元日之比也。又，《論語》『吉月』，《注》謂『月朔也』。《詩》『二月初吉』，《注》：『月朔謂之吉。』吉月亦猶朔月也。」〔註103〕按：古曆有平朔、定朔二家。三大三小為定朔望，一大一小為平朔望。平朔亦名經朔。古者止用經朔，故朔或在晦，或在二日。《春秋》日食三十五，書朔者二十七，其不書朔者八。《公羊傳》以為二日，穀梁傳以為晦日。惟《左傳》云：「不書朔者，官失之也。」漢、魏以後，日食亦多在晦。宋何承天始立新法，謂「月有遲疾，前曆合朔，月食不在朔望，今當以盈縮定小餘，正朔望之日」。隋劉孝孫亦推算《春秋》日食不書朔者，俱在朔日，乃議行定朔，而為有司所抑，不得行。至唐，傅仁均申孝孫舊議，引此《詩》及《胤征》為證，云：「《書》既言『季秋月朔，辰弗集於房』，又云『先時者殺無赦，不及時者殺無赦』，既有先後之差，是知定朔矣。」梁虞𠚳亦云：「所謂朔在會合，苟躔次既同，何患頻大？日月相離，何患頻小？」僧一行力主梁、傅之說，為《合朔議》，云：「日月合度謂之朔，無所取之，取之蝕也。昔人考天事，多不知定朔。假蝕在二日，而常朔之晨，月見東方；食

〔註103〕史繩祖《學齋佔畢》卷一《朔月吉月》。

在晦日，則常朔之夕，月見西方。或以為朓朒變行，或以為曆術疏闊，遇常朔朝見則增朔餘，夕見則減朔餘，此紀曆所以屢遷也。」又云：「天事誠密，雖四大三小，庸何傷？」一行蓋取《左傳》「官失之」之言而深明定朔之不可易。惟定朔立，而晦不東見，朔不西朓，日食常在朔，月食常在望矣。辛卯，朔日之干支也。辛為日，卯為辰。《左・昭七年》：「季武子卒，晉侯謂伯瑕曰：『吾所問日食，從矣。可常乎？』對曰：『不可。六物不同，民心不壹，事序不類，官職不則，同始異終，胡可常也？』公曰：『何謂六物？』對曰：『歲、時、日、月、星、辰是謂也。』公曰：『多語寡人辰而莫同，何謂辰？』對曰：『日月之會是謂辰，故以配日。』」又，翼奉云：「師法用辰不用日，辰為客。」孟康《注》云：「假令甲子日，子為辰，甲為日，用子不用甲也。」《天官書》又云：「日食，食所不利。復生，生所利。不然，食盡為主位。以其直及日所躔，加日時，用名其國。」此詩舉「辛卯」，亦有意義，乃六物中所謂論日者也。但占法深微，非有師授，莫能通之。《箋》、《疏》謂「日為君，辰為臣。辛，金也。卯，木也。辛日以辰侵木，金應勝，木反侵金，是五行相逆，猶君臣顛倒」。此一說也。或謂十干寄宮，辛寄在戌，戌土，卯木賊之。又一說也。或又謂十月建亥，六陰用事，一陽未復而月與日交會，又正在晦朔之間，是其月為純陰。且庚辛屬金，而重光之辛為陰金；寅卯屬木，而單闕之卯為陰木。是其日又為純〔註104〕陰。此日而食，則群陰擅令，微陽不能獨存。又一說也。又，司馬遷云：「甲子，四海之內不占。丙丁，江淮海岱也。戊巳，中州河濟也。庚辛，華山以西。壬癸，恒山以北。日蝕，國君。月蝕，將相當之。」今食在辛日，屬華山以西，正在周地。而翼奉推論六情十二律，又以卯為陰賊，王者所忌，《禮經》避之，《春秋》諱焉。故《春秋潛潭巴》云：「辛卯蝕，臣伐其主。」《戎事類占》亦云：「日食辛卯日，有謀逆。」具觀數說，則此日之食，其為凶禍昭然矣。又，劉昭云：「按：《春秋緯》，六旬之蝕，各以甲子為說。此偏舉一隅，未為通證。故於事驗不盡相符。」「日有食之」者，月食之也。何休云：「不言月食之者，其形不可得而觀，故疑言『日有食之』。」焦竑云：「不徒曰日食而曰『日有食之』，則若真有物食之者。記異也，警人君也。」〔註105〕《穀梁傳》云：「吐者，外壞。食者，內壞。闕然不見其壞，有食之者

〔註104〕「純」，四庫本作「阥」。按：四庫本「陰」未寫完，似恐發覺其誤，但未及更正。

〔註105〕焦竑《焦氏筆乘》卷一《日食》。（上海古籍出版社1986年版，第20頁）

也。有，內辭也。有食之者，內於日也。其不言食之者，何也？知其不可知知也。」李尋云：「日者，眾陽之長，輝光所燭，萬里同暑，人君之表。」《京房易傳》云：「亡師，茲謂不禦。厥異日食，其食也既，並食不一處。誅眾失理，茲謂生叛。厥食既，光散縱畔，茲謂不明。厥食先大雨三日，雨除而寒，寒即食。專祿不封，茲謂不安。厥食既，先日出而黑，光反外燭。君臣不通，茲謂亡。厥食三既。同姓上侵，茲謂誣君。厥食四方有雲，中央無雲，其日大寒。公欲弱主位，茲謂不知。厥食中白青，四方赤，已食地震。諸侯相侵，茲謂不承。厥食三毀三復。君疾善，下謀上，茲謂亂。厥食既，先雨雹，殺走獸。弒君獲位，茲謂背。厥食既，先風雨，折木，日赤。內臣外向，茲謂背。厥食食且雨，地中鳴，冢宰專征，茲謂因。厥食先大風，食時日居雲中，四方亡雲。伯正越職，茲謂分威。厥食日中分。諸侯爭美於上，茲謂泰。厥食日傷月，食半，天營而鳴。賦不得，茲謂竭。厥食星隨而下。受命之臣，專征云試。厥食雖侵光猶明，若文王臣獨誅紂矣。小人順受命者徵其君雲殺。厥食五色，至大寒隕霜，若紂臣順武王而誅紂矣。諸侯更制，茲謂叛。厥食三復三食。食已而風，地動。適讓庶，茲謂生欲。厥食日失位，光晻晻，月形見。酒亡節，茲謂荒。厥食乍青乍黑乍赤，明日大雨，發霧而寒。凡食二十占，其形二十有四，改之輒除。不改三年，三年不改六年，六年不改九年。」「孔」，甚。「醜」，惡也。以陽月而有日食之異，甚可醜惡也。《大戴禮》：「孔子曰：『古之治天下者必聖人。聖人有國，則日月不食，星辰不孛。』」楊簡云：「堯、舜、禹之時，歷年多，無日食。至太康失邦，始日食。歷家謂日月薄食，可以術推者，衰世之術也。」〔註106〕杜預云：「日月動物雖行步有大量，不能不少有盈縮，故有雖交會而不食者，或有頻交而食者。」劉公瑾云：「若以常度論之，一歲兩交，當兩食。而春秋二百四十二年，日食三十六；唐二百九十年，食百餘者。此所謂雖交而不食，或頻交而食者也，在乎人君行事之所感召耳。」朱子云：「王者修德行政，用賢去奸，能使陽盛足以勝陰，陰衰不能侵陽，則日月之行雖或當食，而月常避日，故其遲速高下必有參差而不正相合、不正相對者，所以當食而不食也。若國無政，不用善，使臣子背君父，妾婦乘其夫，小人陵君子，夷狄侵中國，則陰盛陽微，當食必食。雖曰行有常度，而實為非常之變矣。」程子云：「日食有定數，聖人必書者，蓋欲人君因此恐懼修省。如治世而有此變，則不能為災，亂世則為災矣。人氣血盛，雖遇寒暑邪穢，不能為害。其血

---

〔註106〕楊簡《慈湖遺書》卷九《家記三·論春秋禮樂》。

氣衰，則為害必矣。」胡安國云：「日者，眾陽之宗，人君之表，而有食之災
咎象也。或妾乘其夫，或臣子背君父，或政權在臣下，或夷狄侵中國，皆陽微
陰盛之證也。是故《十月之交》，詩人以刺；『日有食之』，《春秋》必書。」僧
一行云：「使日食而不可以常數求，則無以課曆數之疏密。使日食而皆可以常
數求，是何以占政教之休咎？」來斯行云：「唐、虞之時，曆象已極詳密，獨
日月之食缺而不講，良有深意。後世疇人預定，視為固然，戒省之意蔑如矣。」
何孟春云：「古人罔不以日蝕為懼。《春秋》於日食，必謹而書之，聖賢豈不知
數不可移，欲以存上天之戒耳。漢時詔有云：『譴見於天，災莫大焉。』猶是
此意。宋徽宗時，乃下詔，言『此定數，不足為災異。古人以為異者，皆不曉
曆之故』，是何言歟？」〔註107〕孔云：「日月之食，於算可推而知，則是雖數
自當然，而云為異者，人君位貴居尊，恐其志移心易，聖人假之靈神，作為鑒
戒耳。夫以昭昭大明，照臨下土，忽爾殲亡，俾晝作夜，其為怪異，莫斯之甚，
故有伐鼓用幣之儀，貶膳去樂之數，皆所以重天變、警人君者也。而天道深遠，
有時而驗，或亦人之禍釁偶與相逢，故聖人得因其變常假為勸誡，使智達之士
識先聖之深情，中下之主信妖祥以自懼，但神道可以助教，而不可以為教，神
之則惑眾，去之則害宜，故其言若有若無，其事若信若不信，期於大通而已
矣。」「彼」，彼昔日也。李尋云：「月者，眾陰之長，消息見伏，百里為品，
千里立表，萬里連紀，妃后大〔註108〕臣諸侯之象。」「微」，鄭云：「謂不明
也。」孔云：「下章『彼月而食』、『此日而食』與此微同，則不明為日月被食
而不明也。」「彼月而微」，意前此必有月食之時。「此」，此今日也。前既月食，
今又日食，所謂「日居月諸，胡迭而微」也。歐陽修云：「日，君道也。月，
臣道也。望而至於黃道，是謂臣干君明，則陽斯蝕之。朔而至於黃道，是謂臣
雍君明，則陽為之蝕。」按：《周禮·春官·大司樂》云：「日月食，令去樂。」
《秋官·庭氏》有救日月之弓矢。《昏義》云：「陰事不修，譴見於天，月為之
食。」《管子》云：「日食修德，月食修刑。」然則日月之食皆謂之災，非謂月
宜食，日不宜食也。嚴粲云：「傷敗將至，災異先出。故此下民將罹其禍而可
哀也。」○日月告《漢書》作「鞠」。凶，不用其行。叶陽韻，戶郎翻。
**四國無政，不用其良。**陽韻。**彼月而食，則維其常。**陽韻。**此**《左傳》
作「彼」。**日而食，于何不臧。**陽韻。○賦也。「日月告凶」，兼日食、月食

---

〔註107〕何孟春《餘冬錄》卷一《天文》。
〔註108〕「大」，底本誤作「太」，據四庫本、《漢書》卷七十五《李尋傳》改。

而言，以是時二變皆有也。「告凶」，鄭云：「告天下以凶亡之徵」。凌濛初云：「『告』字妙。天不言，以日月示之也。」「行」，鄭云：「道度也。不用之者，謂相干犯也。」顏師古云：「言日月不用其常行之道以告凶災者，繇四方之國無政理，不能用善人也。」按：《鄭語》，史伯策周之必敝，謂其棄高明昭融而好讒慝暗昧，惡角犀豐盈而近頑童窮固，去和而取同。好窮固者，棄聘后，立內妾也。近頑童者，侏儒戚施，實御在側也。用讒慝者，周法不昭而婦言是行也。行暗昧者，不建立卿士，而妖試幸措也。其立為卿士者，讒諂巧從之，虢石父所謂與剽同也。凡此皆「不用其良」之實。左雄云：「幽、厲昏亂，不自為政。褒、閻用權，七子黨進。賢愚錯緒，深谷為陵。故其詩云『四國無政，不用其良』。」《韓詩外傳》云：「人主欲附下一民，則莫若反之政；欲修政美俗，則莫若求其人。彼其人者，生今之世，而志乎古之世，知國之安危臧否，若別白黑，則是其人也。人主欲強國安樂，則莫若與其人用之。巨用之，則天下為一，諸侯為臣。小用之，則威行鄰國，莫之能禦。若殷之用伊尹，周之遇太公，可謂巨用之矣。齊之用管仲，楚之用孫叔敖，可謂小用之矣。巨用之者如彼，小用之者故如此也。曰〔註109〕：『粹而王，駁而霸，無一而亡。』《詩》曰：『四國無政，不用其良。』不用其良，臣而不亡者，未之有也。」「彼月而食，此日而食」，與上章「微」字同是一事，而意稍別。前以陰陽之本體較，此以陰陽之勝負較也。「維其常」者，言視之為常事也。「於何」二字有味，乃喚醒之辭。班固所謂「推日食之占，循變復之要」也。「臧」，善也。真德秀云：「吾何繇而有此不善之證也？月之食也，繇於以陰乾陽，故為陽所蝕。昔遭此變，亦可以憬然矣。乃以尋常視之，略不介意。今天心仁愛無已，復以日食告，是明言陽非特不能蝕陰，且為陰所蝕也。其非吉祥善事，昭然甚明，可不亟思其何以致此而改圖以銷此變乎？」又，《漢書》引《詩傳》云：「月食，非常也。比之日食，猶常也。日食則不臧矣。謂之小變可也，謂之正行非也。」此解費詞，似非詩旨。《左·昭七年》：「晉侯問於士文伯曰：『《詩》所謂『彼日而食，于何不臧』者，何也？』對曰：『不善政之謂也。國無政，不用善，則自取謫於日月之災，故政不可不慎也。務三而已：一曰擇人，二曰因民，三曰從時。』」○**爗爗**〔註110〕豐本作「燁燁〔註111〕。**震電，不寧**豐本作「甯」。

〔註109〕 《韓詩外傳》卷五「曰」上有「故」字。
〔註110〕 「爗爗」，四庫本作「煜煜」。
〔註111〕 「燁燁」，四庫本作「煜煜」。

不令。叶蒸韻，讀如陵，閭承翻。**百川沸騰**，蒸韻。**山冢崒**《漢書》、《博物志》俱作「卒」。**崩**。蒸韻。**高岸為谷，深谷為陵**。蒸韻。**哀今之人，胡憯莫豐本作「不」。懲**？蒸韻。〇賦也。「爗」，字從火，火盛也，即電光也。「震」，《說文》云：「劈歷，振物者。」《易》「震為雷」是也。「電」，《說文》云：「陰陽激耀也。」《淮南子》云：「雷以電為鞭。」陸佃云：「與雷同氣發而為光。雷從回，電從申，陰陽以回薄而成雷，以申泄而為電，故曰雷出天氣，電出地氣。故電從坤省。《說卦》曰：『離為電。』電，火屬也，蓋陰陽暴格，分爭激射，有火生焉，其光為電，其聲為雷。《易》曰：『雷電，噬嗑。』又曰：『雷電皆至，豐』；『雷電，噬嗑。』言雷電合而章也。蓋今震雷與電俱赴者，所謂雷電皆至者也，故君子以折獄致刑，以象天之至威，非特明罰敕法而已。《詩》曰：『爗爗震電，不寧不令。』言震雷變亂於上，不安故常，且非所以號令萬物也。董子曰：『太平之時，雷不驚人，號令啟發而已矣；電不眩目，宣示光耀而已矣。』」「沸」，水湧出貌。「騰」，相乘陵也。漢李尋《災異對》云：「臣聞五行以水為本，其星玄武婺女，天地所紀，終始所王。水為準平，王道公正修明，則百川理落脈通。偏黨失綱，則踴溢為敗。《詩》所謂『百川沸騰』者也。其咎在於皇甫卿士之屬，惟陛下留意詩人之言，少抑外親大臣。」「冢」，《爾雅》云：「山頂也。」《釋名》云：「腫也。象山頂之高腫起。」字從勹。徐鍇云：「地高起若有所包也。」「崒」，《說文》云：「危高也。」《爾雅》云：「崒者，厜㕒。」自上墜下曰崩。《穀梁傳》云：「高曰崩，厚曰崩，尊曰崩。」「岸」，《說文》云：「水崖而高者。」《爾雅》云：「望厓灑而高岸。」《注》以為「視厓峻而水深者曰岸也」。《說文》云：「泉出通川為谷，從水半見出於口。」張揖云：「水注川曰溪，注溪曰谷。」「陵」，《說文》云：「大阜也。」《釋名》云：「隆也。體隆高也。」孔云：「當時天下有百川之水，皆溢出而相乘，水流趨下，小人之象。今溢出，繇貴小人在上也。又時山之冢頂高峰之上，崒然崔嵬者皆崩落。山高在上，君之象。今崩落，是君道壞也。於時又高大之崖陷為深谷。岸應處上，今陷而在下，繇君子居下故也。又深下之谷進出為陵。谷應處下，今進而在上，繇小人處上故也。此所陳皆當時實事。《推度災》云：『百川沸騰眾陰進，山冢崒崩人無仰。高岸為谷賢者退，深谷為陵小臨大。』」張華云：「小人握命，君子陵遲，白黑不別，大亂之徵也。」《周語》：幽王三年，西周三川皆震。伯陽父曰：「周將亡矣。夫天地之氣，不失其序。若過其序，民之亂也。陽伏而不能出，陰迫而不能烝，於是有地震。

今山川實震，是陽失其所而鎮陰也。陽失而在陰，川源必塞。夫水土演而民用也。水土無演，民乏財用，不亡何待？昔伊雒竭而夏亡，河竭而商亡。今周德若二代之季矣，其川源又塞，塞必竭。夫國必依山川。山崩川竭，亡之徵也。川竭山，必崩。若國亡，不過十年數之紀也。夫天之所棄，不過其紀。「是歲也，三川竭，岐山崩。十一年，幽王乃滅，周乃東遷。又，《左・昭三十二年》：「公薨於乾侯。晉史墨曰：『魯君世從其失，季氏世修其勤，民忘君矣。雖死於外，其誰矜之？社稷無常奉，君臣無常位，自古以然。故《詩》曰：高岸為谷，深谷為陵。三后之姓，於今為庶。』」此以高下變遷為尊卑易位之象。亦通。董仲舒云：「國家將有失道之敗，而天乃先出災異以譴告之。不知自省，又出怪異以警懼之。尚不知變，而傷敗乃至。此見天心仁愛人君而欲止其亂也。」「胡憯莫懲」，與「節彼南山」解同。嚴云：「變異薦臻，哀哉今幽王君臣，何為處可痛而莫懲創也？」謝枋得云：「詩人不指幽王，而曰『哀今之人』，微而婉也。」徐光啟云：「野雉著怪，高宗深動。大風暴過，成王坦然。二君亦知所懲也，而卒成中興業。幽王之亡，不亦宜乎！」愚按：此承上二章因十月之日食而推及於前此之月食，又及雷電崩竭諸異，皆追述之語，非同時事也。考《竹書》，涇渭雒竭，岐山崩，在幽王二年。與《史記》同。即《周語》所云「三川皆震。川竭，山必崩」者也。特《周語》以為三年耳。《竹書》又記冬大雷震電，在三年，即此詩之「震電」。夏六月隕霜，在四年，即《正月》篇之「繁霜」。而日食之變，乃在六年冬十月。惟月食無所考，則以《春秋》凡日食必書而月食無紀，意古史之法皆然。詩人追數之，意若曰：昔年天已示變如此，胡不少悛改而復致於天象於今也？山崩川竭，已是亡國之徵，況冬電、夏霜、月食諸變頻仍不已，又繼之以日食乎！朱子以諸異皆在十月，似太泥。徐士彰云：「天地猶人身也。天地之氣舛錯，猶人身之氣壅閼也。人身之氣壅閼，於是發而為疹疾，結而為贅疣，鬱而為癰腫。天地之氣舛錯，於是有日月薄蝕之變，亦猶人身之疹疾也；有陵谷變遷之異，亦猶人身之贅疣也；有山崩川溢之患，亦猶人身之癰腫也。人身之氣非無自而壅閼，則天地之氣之舛錯亦必有使之者矣。」〇**皇父卿士**，紙韻。**番**《漢書》作「皮」。《漢書注》作「蕃」。《韓詩》作「繁」。**維司徒**。虞韻。**家伯維**朱《傳》、《大全》、《讀書記》、《衍義》、豐本俱作「冢」。**宰**，叶紙韻，獎裏翻。**仲**《漢書》作「中」。**允**《漢書》作「術」。**膳**《漢書注》作「繕」。**夫**，虞韻。**聚**《漢書》作「掫」。**子內史**，紙韻。**蹶**《釋文》作「蹷」。豐本作「蠞」。**維**

趣馬，叶薺韻，滿補翻。橇《漢書》作「萬」。維師氏，紙韻。此章八句，前四單句士、宰、史、氏俱一韻，後四雙句，徒、夫為一韻，馬、處為一韻。亦奇體。豔緯書作「剡」。《漢書》作「閻」。妻煽《說文》作「偏」。《漢書注》作「扇」。方處。叶薺韻，讀如取，此主翻。陸德明本作「熾」。○賦也。「皇父」，與《常武》篇之皇父非一人，彼乃文王時南仲之後。《辯證》云：「湯八世孫盤庚妃姜氏，夢赤龍入懷，孕十二月生子，手抱南字，長荊州，號南赤龍。生條，孫仲，為紂將，平獫狁。」此南仲，則尹氏也。《竹書》載宣王二年，錫太師皇父命。又載幽王元年，錫太師尹氏皇父命。繫尹氏於皇父之上，所以別於宣王時之皇父耳。「卿士」，孔云：「謂卿之有事。」按：《左傳》，鄭武公、莊公為平王卿士。杜《注》謂「王卿之執政者，與周公以蔡仲為己卿士不同」。鄭云：「下文六人之中，雖官有尊卑，權寵相連，朋黨於朝，皇父則為之端首，兼擅群職，故但目以卿士云。」「番」，疑即樊仲山甫之後。據《漢書》作「皮」，顏師古《漢書注》作「蕃」，《韓詩》作「繁」。按：古文番、蕃、皮、繁、樊五字皆通用。《卜式傳》：「隨牧畜番番。」即「蕃」也。《路史》載有虞氏後有番國者，其地在漢屬魯國，亦名蕃城。而引白褒《魯國記》云：「陳子游為魯相，太尉陳蕃子也。國人為諱蕃，改曰皮。」是「番」與「蕃」通、「蕃」與「皮」通之證也。《儀禮》：「君射則皮樹中。」今文「皮」作「繁」，音婆。是「皮」與「繁」通之證也。《左傳》：「繁纓以朝。」《禮記》作「大禮樊纓」。是「繁」與「樊」通之證也。此詩若皇父之先為尹吉甫，蹶之先為蹶父，而率犬戎以攻周者，其先為申伯，皆宣王時臣。則番之為仲山甫後，可類推矣。「司徒」，周地官卿。《尚書》云：「司徒掌邦教，敷五典，擾兆民。」崔琦《外戚箴》云：「匪賢是上，番為司徒。荷爵負乘，采食名都。詩人是刺，德用不懲。」「家」，亦采邑，解見《節南山》篇。但未詳其處。「伯」，字也。「家伯」，即家父之先也。「宰」，王肅以為小宰。鄭司農《周禮注》引此，以為宰夫。孔穎達謂「經傳於宰夫未有單稱宰者，至如小司徒、小宗伯不得單稱司徒、宗伯，則小宰亦不得單稱宰也」。鄭《箋》以為冢宰。今按：《漢書·古今人表》稱「太宰家伯」，則《箋》說是矣，當從之。《尚書》云：「冢宰掌邦治，統百官，均四海。」周天官卿也。《周禮疏》云：「宰者，調和膳羞之名。冢宰亦能調和眾官，故名。」「仲允」，鄭云：「字也。」《人表》作「中術」，未詳何許人。「膳夫」，天官之屬，上士也。《周禮·膳夫》職云：「掌王之食飲膳羞，以養王及後世子。」「棸」、「蹶」、「楀」，鄭云：「皆氏也。」「棸」、

「栖」，未詳其所出。《韻會》云：「聚，姓也。襄州有之。」孔云：「聚子，以子配之，若曾子、閔子然，故知皆氏。」季本云：「稱氏者，緣世族而進用也。稱子者，年尚少也。」「內史」，春官之屬，中大夫也。《周禮·內史》職云：「掌王之八枋之法，以詔王治。一曰爵，二曰祿，三曰廢，四曰置，五曰殺，六曰生，七曰予，八曰奪。執國法及國令之貳，以致政事，以逆會計。掌敘事之法，受納訪，以詔王聽治。」「蹶」，本姞姓，蓋以蹶父之字為氏。「趣馬」，趣養馬者，名趣，取督促為義。夏官之屬，下士也。《周禮·趣馬》職云：「掌贊正良馬，而齊其飲食，簡其六節。掌駕說之頌，辨四時之居治，以聽馭夫。」顏師古云：「栖者，木名，因樹以得姓也。謂女寵之族有姓栖者，為師氏之官。」《人表》作「萬」。《漢書·游俠傳》有「萬章，字子夏」者，其後也。師氏，地官之屬，中大夫也。《周禮·師氏》職云：「掌以媺詔王。以三德教國子：一曰至德，以為道本；二曰敏德，以為行本；三曰孝德，以知逆惡。教三行：一曰孝行，以親父母；二曰友行，以尊賢良；三曰順行，以事師長。居虎門之左，司王朝。掌國中失之事，以教國子弟。凡國之貴遊子弟學焉。」按：司徒當在宰下，膳夫、趣馬皆士職，當在內史師氏之下。而各序於其上者，孔謂「便文取韻」，理或然也。蔡汝楠云：「古人慎獨之學，自宮及府，無非正人。幽王自中朝大臣以至燕朝小臣皆不得其正。」「豔妻」，毛云：「褒姒也。」「豔」，《說文》云：「好而長也。從豐。」徐鍇云：「容色豐滿也。」鄭云：「敵夫曰妻。」錢天錫云：「詩人稱太姒則曰淑女，稱褒姒則曰豔妻。」王安石云：「言其配王以色而已，非以德也。是時褒姒已正位中宮矣。禮，天子之妻曰后。此不言后而言妻者，不予其為后也。」「煽」，本作「扇」，《說文》云：「熾盛也。」徐云：「人權力相成，若火之相扇也。」「方」，四方也。「處」，居也。褒姒與皇父之徒相比，肆行鼓煽，令各散處四方，以張其羽翼，便其私圖，紀無為國家分猷宣力之念。若後章「作都于向」之事是也。○抑此皇父，豈曰不時？支韻。胡為我作，不即我謀？叶支韻，謨悲翻。徹我牆屋，田卒汙萊。叶支韻，陵之翻。曰予不戕，王肅本作「臧」。禮則然矣。叶支韻，於姬翻。豐本移置此章於「皇父孔聖」章之後，未可信。○賦也。上章言「豔妻煽方處」，則自皇父而下皆已布滿四方，各有分邑，而皇父尤為眾惡之首，故特斥而言之。「抑」，朱子云：「發語辭。」鄭云：「抑之言噫。噫是皇父，疾而呼之。」「時」，朱子云：「農隙之時。」「我」，皇父自我也。「作」，即下章「作都」之「作」。畫計為謀。言抑此皇父，承方處之命，豈肯謂此時非興作之時？

但聞其聚族而相語曰：是役也，既將為我作邑，何故不先就我謀乎？行當即徹我王都所居之牆屋，以移居於外邑，無庸再計。蓋喜幸之極，見其與褒姒有同心也。「徹」，《說文》云：「通也。」除去之意。牆屋除去，則其地通達無礙，故謂之徹。「田卒汙萊」，以紛紛不時移徙之故，使民疲於興作，不得趨農事，故田盡化為污萊。「卒」，盡也。毛云：「下則污，高則萊。」孔云：「污者，池停水之名。萊者，草穢之名。下田可以種稻，無稻則為池。高田可以種禾，無禾則生草。」曰「皇父」，對眾之言也。「予」，皇父自予也。「戕」，鄭云：「殘也。」「田卒汙萊」，所謂「戕」也。言我非欲殘敗汝田業，但臣奉君命，禮實當然，吾豈敢以不時之故而憚遷乎？其託辭文過有如此者。○**皇父孔聖，作都于向。**漾韻。**擇三有事，亶侯多藏。**叶漾韻，材浪翻。**不憖遺一老，俾守我王。**叶漾韻，於況翻。**擇有車馬，以居徂向。**見上。○賦也。「孔」，甚。「聖」，通也。上章言「曰予不戕，禮則然矣」，皇父偃然自以為達於禮，而不恤民之病，詩人所為譏孔聖也。錢云：「夫惟有自聖之心，故謂天變為不足畏，人言為不足恤。」王應麟云：「『皇父孔甚』，自謂聖也。『具曰予聖』，君臣俱自謂聖也。自聖者，亂亡之原。光武詔上書者不得言聖，大哉言乎！」「向」，地名。孔云：「在東都畿內。」按：《左·隱十一年》：「桓王取鄔、劉、蒍、邘之田於鄭，而與鄭人蘇忿生之田。」共十二邑，向在其中。杜《注》云：「河內軹縣西有地名向上」。在今河南懷慶府濟源縣西南。忿生，周初時人，《書》所謂「司寇蘇公」者。向，原其所食邑，意其後復歸於王，故幽王以之與皇父，而桓王復以之與鄭耳。《路史》以為沛國之向，《九域志》以為同州之向，皆非是。又，承縣亦有向城，乃姜姓，《左傳》所為「莒子娶於向，向姜不安莒而歸」者，別是一向，與此無涉。《竹書》紀幽王五年，皇父作都于向。鄒忠胤云：「向在京都畿內，而此時周尚都西鎬。皇父既總集朝權，何肯捨此而徂彼？夫亦見西戎方彊，王室方騷，自知負天下之怨，而營狡窟以自固耶？且如鄭桓公亦賢司徒也，懼周難之及，謀何所可以逃死，乃東寄孥與賄於虢、鄶。蓋當時諸侯皆有郿鄔之營焉，而皇父實為之俑。其背公植私如此，卒至王室播遷。『三事大夫，莫肯夙夜』，斯固勢之必至者。」「三有事」，即三事，解見《雨無正》篇。「擇之」者，擇以為王之三事也。「亶」，實也。「侯」，語辭。《爾雅》云：「維也，乃也。」「藏」，蓄也。皇父既出居私邑，而所選擇為王朝三事之官，留以輔佐天子者，實維貪墨聚斂之人。《周書·文侯之命》篇所謂「殄資澤於下民，侵戎我國家純」也。史稱「虢

石父為人佞巧，善諛好利。王立以為卿士，國人咸怨」。又，《呂覽》云：「幽王染於虢公鼓、祭公敦。」其即此時為三事之人乎？「懋」，《爾雅》云：「強也，且也。」鄭云：「懋者，心不欲自彊之辭。」字從心。孔引《說文》云：「肯從心也。」言初時心所不欲，後始勉強而肯從也。「遺」，餘也。「老」，謂老成人。云「一」者，數之少也。「王」，以王業言。皇父播棄黎老，不肯勉強留一人於朝，以守我周王天下之大業也。蓋所用者多藏，則所棄者故老，趣向使然，無足怪者。謝枋得云：「平王東遷，作《文侯之命》，推原召亂之緣，亦曰『罔或耈壽俊在厥服』。西周之亡，實兆於此。使皇父秉政之時，能留一老以守我王，如周、召之師保，如仲山甫之保王躬，則幽王有馮有翼，未至於身辱國亡也。皇父之罪，莫大於此。」「擇有車馬」，亦指皇父言。「擇」，謂擇取其精。「有」，謂具有其數。自擇而自有之，蓋備輜重以行也，非遴取富民偕遷之說。「以居徂向」者，以往向邑而居。此倒文法，亦取叶韻耳。○黽陸本作「僶」。《漢書》作「密」。豐本作「宓」。勉《漢書》、豐本俱作「勿」。從豐本作「从」。事，不敢告勞。豪韻。無罪豐本作「辠」。無辜，讒口囂囂。叶豪韻，牛刀翻。《韓詩》作「警警」。《漢書》、豐本俱作「嗷嗷」。下民之孽，匪降自天。先韻。亦叶真韻，汀因翻。噂《說文》亦作「僔〔註112〕」。《左傳》、豐本俱作「傅」。〔註113〕沓陸本豐本俱作「嗒」。背憎，職競由人。真韻。亦叶先韻，如延翻。○賦也。「黽勉」，解見《谷風》篇。「從事」，從王事也。「囂囂」，解見《車攻》篇。時皇父輩已散之四方矣，詩人獨留居王朝，勉力以供王之事，未嘗敢以勞苦自言。然且非有罪辜，而橫罹讒毀，緣褒姒用事於內，己又非其黨，故不免為讒口所害。自傷其所遭之不幸也。「下民之孽」以下，推本禍始而言。「孽」，本作「辥」。《通論》云：「妾隸之子曰孽。」「孽」之言「櫱」也，有罪之女沒廢，役之而已。得幸於君，有所生，若木既廢而生枿，故於文子辥為孽。辥者，罪也。童妾感漦而生褒姒，褒人姁得之，因以贖己罪，而納之於後宮，所謂孽也。對天言，故曰「下民」。「降」，下也。「噂」，《說文》云：「聚語也。」「沓」，《說文》云：「語多沓沓也。」字從水從曰，以語多若水之流，故從水也。曰者，言也。「背憎」，背後相憎惡也。「職」，主。「競」，逐也。方王嬖褒姒之初，使在朝賢士

〔註112〕按：下文言「噂」，《說文》云：『聚語也』」，則此當作「噂」，且與「《說文》亦作」相符。
〔註113〕四庫本作「《左傳》、豐本俱作『傅』。《說文》亦作『傅』」。

—1031—

大夫同心匡救，必不至釀成廢立之事。無如皇父輩陰相比附，其所與聚談以浸潤於上前者，無非醜直毀止之語，故使忠言不行，王終感溺不悟。如唐高宗欲立武昭儀為后，長孫無忌、褚遂良、韓瑗皆執以為不可，而李勣則曰：「此陛下家事，何必更問外人？」許敬宗則曰：「田舍翁多收十斛麥，尚欲易婦，況天子立一后，何豫諸人事而妄生異議乎？」上意遂決。即其類也。然則此孽之在王宮，豈誠天所降下哉？皆緣此「噂沓背憎」之人立定主意，競逐為此，此所以致有今日之煽耳。又，《左・僖十五年》：「初，晉獻公筮嫁伯姬於秦。史蘇占之，曰：『不吉。』及惠公在秦，曰：『先君若從史蘇之占，吾不及此夫！』韓簡侍，曰：『龜，象也。筮，數也。物生而後有象，象而後有滋，滋而後有數。先君之敗德，及可數乎？史蘇是占，勿從何益？』」亦引此《詩》，蓋取其意相近。○悠悠《爾雅音義》作「攸攸」。我里，紙韻。《韓詩》作「悝」。《爾雅注》、顧野王本、豐本俱作「癉」。亦孔之痗。叶紙韻，讀如毀，虎委翻。陸本作「悔」，又云：「一作『悔』。」四方有羨，我獨居憂。尤韻。民莫不逸，《韓詩外傳》作「穀」。我獨不敢休。尤韻。天命不徹，叶質韻，直質翻。我不敢傚我友自逸。質韻。八言為句，又見此。○賦也。「悠悠」，《爾雅》云：「思也。」《周禮》：「五鄰為里。」《說文》無「痗」字，當作「悔」，云：「恨也。」嚴云：「仕不得志，則思其鄉里，悠悠然道遠而未得歸，亦甚恨矣。」「四方有羨」、「民莫不逸」、「我友自逸」，皆指皇父輩而言。「羨」，《說文》云：「貪欲也。」凡散處於四方者皆有貪欲，我獨居此憂苦之地，無所可欲也。「逸」，通作「佚」，安佚不勞也。民之得遂其身圖者，莫不優游自便，我獨於職業置力，不敢休息也。「徹」，通。「效」，學也。「我友」，僚友也。汎言則為民，斥言則為友。國家氣運方在否塞不通之時，食人之食者當事人之事，我豈敢仿傚我友而自求安逸乎？所以雖思我裏，而不忍言歸者，以此其詞婉，其志堅。彼幽王君臣聞之，亦戚戚有動否也？

《十月之交》八章，章八句。《中侯摘雒貳》云：「昌受符，厲倡虐，期十之世權在相。」又云：「剡者配姬以放賢，山崩水潰納小人，家伯罔主異載震。」孔穎達解之云：「既言昌受符，為王命之始，即云『期十之世』，自文數之，至厲王，除文王為十世也。剡與家伯與此篇事同。以剡對姬，剡為其姓，以此知非褒姒也。」「剡」、「豔」，古今字耳。山崩水潰，即此篇「百川沸騰，山冢崒崩」是也。如此，《中侯》之文亦可以明此為厲王。但緯候之書，人或不信。又，《尚書緯》說豔妻謂厲王之婦，不斥褒姒。《漢書》「豔妻」作

「閻妻」，顏師古《注》亦謂「此詩刺厲王淫於色，皇父之屬因嬖寵而為官，內寵熾盛，政化失理，故致災異，日為之食也」。顏說不知何所本，或當是祖緯書。而鄭氏《箋》則又以意斷其為刺厲王詩，謂「《節》刺『師尹』『不平』，『亂靡有定』，此篇譏皇父擅恣，『日月告凶』。《正月》惡褒姒滅周，此篇疾『豔妻煽方處』。又，幽王時，司徒乃鄭桓公友，非此篇之所云番也，是以知然」。愚按：尹氏乃桓王時之尹氏，非幽厲時人。解見《節南山》篇。皇父以幽王五年作都于向，而鄭桓公至幽王八年方為司徒，正是皇父徂向後，故以友代之耳。惟褒姒、豔妻，或疑是兩人。以《漢書》考之，谷永云「褒姒用國，宗周以喪；閻妻驕扇，日以不臧」；班倢伃賦云「悲晨婦之作戒兮，哀褒閻之為郵」；使厲王時別有閻妻，則當序閻於褒之前，不應先褒後閻也。褒表其地，剝仍是豔之轉音，以表其色。且使厲王因豔妻用事，以致亂亡，《國語》、《史記》不應都沒而不見。而《竹書》紀幽王事，又與是詩種種相合乃爾，其為刺幽王詩明矣。又，翼奉云：「竊學《齊詩》，聞五際之要。《十月之交》篇，知日蝕地震之效昭然可明，猶巢居知風，穴居知雨。」按：五際之說本於緯書。《詩緯汎曆樞》云：「午亥之際為革命，卯酉之際為改正，辰在天門，出入候聽。卯，《天保》也。酉，《祈父》也。午，《采芑》也。亥，《大明》也。」然則亥為革命，一際也；亥又為天門，出入候聽，二際也；卯為陰陽交際，三際也；午為陽謝陰興，四際也；酉為陰盛陽微，五際也。其理亦未所喻。

## 雨無正

《雨無正》，刺幽王也。正大夫離居之後，暬 [註114] 御之臣所作。
出朱《傳》。○鄒忠胤云：「詩人慨『正大夫離居，莫知我勩』，又曰『曾我暬御，憯憯日瘁』，其為暬御所賦無疑。惜乎不著其名，如家父、孟子之類也。王伯厚有云：『《大雅》之變，作於大臣。《小雅》之變，作於群臣。』雖未必盡然，意亦近似。」愚按：此與《十月》之交篇同為一人之作。今以二詩語意參考之，「皇父徂向」，即所謂「正大夫離居」也。「黽勉從事，不敢告勞」，即所謂「莫知我勩」也。「我獨居憂」、「我獨不敢休」，即所謂「憯憯日瘁」也。「噂沓背憎」，即所謂「巧言如流」也。「四方有羨，我友自逸」，即所謂「俾躬處休」也。「無罪無辜，讒口囂囂」，即所謂「若此無罪，淪胥以鋪」也。至

---

〔註114〕「暬」，似當作「暬」。詩中有「曾我暬御」，暬即暬。

云謂「爾遷于王都」、「昔爾出居，誰從作爾室」，則其為刺「徹牆屋」、「擇車馬」之事，更復瞭然。蓋是時散處四方經營私邑者，不獨皇父一人，如「番維司徒，家伯冢宰」，皆正大夫也。若「仲允」、「聚子」、「蹶」、「楀」之流，則所謂「三事」之「大夫」「莫肯夙夜」者也。特彼因災異頻仍而作，此因戎饑薦而作，命旨不同耳。凡禍患之來，其徵必先見，則此詩實作於《十月》之後，《毛詩》次第是也。

**浩浩昊天，**劉安世云：「嘗讀《韓詩》，篇首多『雨無其，極傷我稼穡』八字。」豐氏本同。**不駿其德。**職韻。**降喪**去聲。**飢饉，斬伐四國。**職韻。**旻**陸德明云：「本有作『昊天』者，非也。」孔穎達云：「上有『昊天』，明此亦『昊天』。定本皆作『昊天』。俗本作『旻天』，誤也。」二說未詳孰是。《埤雅》作「昊」。**天疾威，弗慮弗圖**虞韻。**舍。**上聲。**彼有罪，既伏其辜。**虞韻〔註 115〕**若此無罪，淪**《齊》、《韓》、《魯詩》、《漢書》俱作「薰」。《後漢書》作「熏」。**胥以鋪。**虞韻。《韓詩》作「痛」。鄒忠胤云：「按：《韓詩》篇首多二句。愚意此十二句當分為二章，其韻乃叶。」豐本以前六句為第一章，後六句為第二章。○作賦也。「浩」，大水貌。王安石云：「浩浩，廣大流通之意。」「昊」，本「界」，從日從夰。從日，取其明。從夰，取其大。陸佃云：「昊天者，大而明也。大所以臨下，明所以照下。」「駿」，馬之良者，其行最疾，故取以為疾速之義。「德」，朱子云：「惠也。」「降」，下也。「喪」，死亡也。兵戎不靖，民多死亡，第四章所謂「戎成不退」也。「飢饉」有二義。《爾雅》云：「穀不熟曰饑，蔬不熟曰饉。」《穀梁傳》云：「一穀不升謂之嗛，二穀不升謂之饑，三穀不升謂之饉，四穀不升謂之康，五穀不升謂之大饑，又謂之大侵。」未詳孰是。天災流行，民困飢饉，第四章所謂「饑成不遂」也。「四國」，四方之國。言天不速行德惠，而惟降下此喪亂飢饉之變，相尋未已，以戕害四方之人也。「旻」，閔也。「昊天」、「旻天」，解俱見《黍離》篇。「疾」，迅。「威」，虐也。與「不駿其德」對看。「弗慮弗圖」，指王也。言此昊天也，以其有仁覆閔下之德，則又謂之旻天。今德則不駿，而威反迅疾若此，王當思慮其所以致此之故，而亟圖謀挽回之術可矣。乃漠不動念，何哉？「舍」，通作「捨」，釋也。「彼有罪既伏其辜」作一氣看。「既伏其辜」，言罪狀明確也。此主刺皇父輩言。「若此無罪」二句，則詩人懼禍而自擬也。「淪」，

---

〔註 115〕「韻」，底本誤作「雅」，據四庫本改。

沒也。「胥」，《爾雅》云：「皆也。」按：《方言》：「東齊謂皆曰胥。」疑古有此語。「鋪」，有陳布之義，故鄭《箋》以為「遍也」。彼小人之有罪狀可指據者，則王既捨之而不問矣。若此無罪之人，日為小人所陷害，行見其淪沒於非辜，而皆遍及也。此將然之辭。所以然者，以「讒口嗷嗷」而王聽不聰故也。○周宗《左傳》作「宗周」。**既滅，靡所止戾**。霽韻。**正大夫離居，莫知我勩**。霽韻。《左傳》作「肄」。**三事大夫，莫肯夙夜**。叶藥韻，弋灼翻。**邦君諸侯，莫肯朝**豐本作「畾」。**夕**。叶藥韻，祥龠翻。**庶曰式臧，覆出為惡**。藥韻。豐本以為第四章。○賦也。周室為天下所宗，故曰「周宗」。「止」，居息也。「戾」，《說文》云：「身曲戾也」，字「從犬出戶下」。徐鍇云：「犬善出卑戶。會意。」此二句乃設為未然之語，言假若宗周既滅，則我輩為臣子者將託身何所，是以當不憚早夜勤渠，恪修職業，亦為共維宗社計耳。「正大夫」者，六官之長，皆上大夫。《周禮》「八職：一曰正」是也。「離居」者，離析而居於外邑，若皇父之居向也。「我」，作詩者自我也。「勩」，《說文》云：「勞也。」人去而己獨居，則人逸而己獨勞。然雖勞，而去者曾莫之知，抑亦彼所不欲知也。「三事大夫」，猶《周官》所謂「三事暨大夫」也。「三事」，鄭以為三公，殊無據。按：《周書·立政》篇云：「任人、準夫、牧，作三事。」《周官》篇云：「三事暨大夫，敬爾有官，亂爾有政。」則明指六卿而言。因六卿職掌六典，皆為天子理事，故以「任人」稱；皆為天子守法，故以「準夫」稱；皆為天子愛民，故以「牧」稱。著其職業所在，非官名也。三事之屬，各有中下大夫。此「三事」乃《十月》篇所謂「擇三有事，亶侯多藏」者。「大夫」，則其所屬之大夫耳。「夙夜」者，早夜在公，以供職業也。諸侯各君其國，則邦人呼之為君。「莫肯朝夕」者，不來朝也。柳宗元云：「古者旦見曰朝，暮見曰夕。《傳》：『朝而不夕。』《禮》云：『日入而夕，朝不廢朝，夕不廢夕。』晉叔嚮夕、楚右尹子革夕、趙文子礱其椽張老夕、知襄子為室土苗夕，皆暮見也。漢儀：夕則兩郎向瑣闈拜，謂之夕郎。亦出是名也。」〔註116〕「庶曰式臧」二句，指正大夫言。「式」，發聲。「臧」，《說文》云：「善也。」「覆」，毛云：「反也。」「為惡」，猶言肆虐也。自正大夫離居之後，六官之屬無肯夙夜勤王事者。其稱邦君而為諸侯，莫肯來朝暮省王者。惟我躬任其勞，庶幾其以我為善，乃反出而肆虐無已，即「讒口嗷嗷」是也。《左·昭十六年》：「齊侯伐徐。徐人行成，賂以甲父之鼎。魯叔孫昭子曰：

---

〔註116〕柳宗元《祀朝日說》。

『諸侯之無伯，害哉！齊君之無道也，興師而伐遠方，會之，有成而還，莫之爭也。無伯也夫！《詩》曰：宗周既滅，靡所止戾。正大夫離居，莫知我肄。其是之謂乎！」○**如何昊天**，叶真韻，汀因翻。**辟言不信**。叶真韻，斯人翻。**如彼行邁，則靡所臻**。真韻。**凡百君子，各敬爾身**。真韻。**胡不相畏，不畏于天**。見上。豐本以為第二〔註117〕章也。○賦也。鄭云：「如何乎昊天，痛而愬之也。」「辟」，法也。「辟言」，所謂法語。「邁」，遠行也。「臻」，至也。解俱見《說文》。緣讒言高張，故己所進法度之言不為王所聽信，將來受禍，未知胡底。如行遠道者，茫茫莫測其所至也。「凡百君子」，亦主正大夫輩而言。不欲斥之，故汎指之也。「各敬爾身」，欲其不敢為惡也。以是為非，以非為是，所謂「不相畏」也。作惡既甚，則天罰將及之，能無懼乎？王安石云：「世雖昏亂，君子不可以為惡，自敬故也，畏人故也，畏天故也。」錢天錫云：「王之不信，則訴於天。臣之不敬，則惕於天。皆首章呼天之意。」《左·文十五年》：「齊侯侵我西鄙，謂諸侯不能也。遂伐曹，入其郛，討其來朝也。季文子曰：『齊侯其不免乎？己則無禮，而討於有禮者，曰：女何故行禮？禮以順天，天之道也。己則反天，而又以討人，難以免矣。《詩》曰：胡不相畏，不畏于天。君子之不虐幼賤，畏於天也。在《周頌》曰：畏天之威，於時保之。不畏于天，將何能保？以亂取國，奉禮以守，猶懼不〔註118〕終。多行無禮，弗能在矣。』」○**戎成不退**，叶真韻，吐類翻。陸本作「逿」。豐本作「復」。下同。**饑成不遂**。真韻。**曾我暬御，憯憯**《釋文》作「慘慘」。**日瘁**。真韻。**凡百君子，莫肯用訊**。叶真韻，雖遂翻。《集韻》本作「誶」。**聽言則答**，《新序》、《漢書》俱作「對」。豐本作「畬」。**譖言則退**。見上。○賦也。「戎」，兵也。「遂」，《禮記疏》云：「謂申也。申遂不有缺少也。」嚴云：「兵戎之禍已成，而其勢不退，言外患之熾也。饑困之災已成，而其生不遂，言內憂之迫也。」鄒云：「或謂秦以前無『歲』字，止有『遂』字，『遂』即『歲』。然則《易》云『羝羊觸藩，不能遂』，豈亦『不能歲』耶？」「曾」，《說文》云：「詞之舒也。」徐鍇云：「緩氣言之，故曰舒。」「暬」，《說文》云：「日狎習相慢也。」「御」，侍也。「暬御」，蓋近侍之官。《國語》所謂「居處有暬御之箴」是也。「憯」，《說文》云：「痛也。」「瘁」，通作「顇」，《說文》云：「憔悴也。」「憯憯日瘁」，即前章所云「我勤」也。「訊」，《說

〔註117〕「二」，四庫本作「三」。
〔註118〕「不」，底本誤作「以」，據四庫本、《左傳》改。

文》云：「問也。」言時事多艱，師旅飢饉，褯然並湊如此。曾是為我瞀御之
官，不過王之左右小臣，尚且日憂痛之而至於病。凡百君子，乃莫有問及此
者，何哉？「聽言」之「言」，詩人所自謂辟言也。「答」，《爾雅》云：「然也。」
《注》云：「應也。」按：《說文》無「答」字，疑當通作「合」，謂相合也。
「譖」，《韻會》云：「誣告之也。」「譖」者，簪也，若簪之著物切至也。言王
若聽我之言，知其俱從愛君憂國中來，而虛懷欣合，則雖有加譖於我之言，
亦將自退遠矣。然則彼之譖我，繇王之信譖故耳。王之信譖，繇王不知我之
「慇慇日瘁」而不聽我之言故耳。劉向《新序》云：「齊有閭丘卬，年十八，
道遮宣王曰：『家貧親老，願得小仕。』宣王曰：『子年尚稚，未可也。』閭丘
卬對曰：『不然。昔有顓頊，行年十二，而治天下。秦項橐七歲，為聖人師。
繇此觀之，卬不肖耳，年不稚矣。』宣王曰：『善。子有善言，何見寡人之晚
也？』卬對曰：『夫雞豚讙嗷，則奪鍾鼓之音；雲霞充咽，則奪日月之明。讒
人在側，是以見晚也。《詩》曰：聽言則對，譖言則退。庸得進乎？』宣王拊
軾曰：『寡人有過。』遂載與之俱歸而用焉。」○哀哉不能言，匪舌是出，
叶實韻，尺類翻。維《左傳》作「唯」。躬是瘁。實韻。《爾雅》作「悴」。
哿矣能言，巧言如流，尤韻。俾躬處休。尤韻。○賦也。此承上章末二
句而言。「哀哉」，詩人自哀也。辟言質樸，世之所謂不能言也。然非徒出之於
舌而已，且瘁其身以圖之，而人終莫之憐也，是可哀也。按：「是出」之「出」
作去聲讀。《韻會》云：「自內而外也。物自出，則入聲。使之出，則去聲。」
「哿」，可也。「哿矣能言」，致其歎羨之意。「巧言如流」者，旋轉無滯，如水
轉流，使是非邪正為之易位，巧孰如之！此世之所謂能言者也。用能使其身
處於休息安樂之地，而理亂不關其責，亦不入其心。《十月之交》篇所云「我
友自逸」是也。又，《左·昭八年》：「石言於晉魏榆。晉侯問於師曠曰：『石何
故言？』對曰：『石不能言，或馮焉。不然，民聽濫也。抑臣又聞之曰：作事
不時，怨讟動於民，則有非言之物而言。今宮室崇侈，民力彫盡，怨讟並作，
莫保其性。石言，不亦宜乎！』於是晉侯方築虒祁之宮。叔向曰：『子野之言，
君子哉！君子之言，信而有徵，故怨遠於其身。小人之言，僭而無徵，故怨咎
及之。《詩》曰：哀哉不能言，匪舌是出，唯躬是瘁。哿矣能言，巧言如流，
俾躬處休。其是之謂乎！是宮也成，諸侯必叛，君必有咎。夫子知之矣。』」
此引詩大與詩旨相反，亦《左氏》之失也。○維曰于仕，紙韻。孔棘且殆。
叶紙韻，養裏翻。云不可使，紙韻。得罪于天子。紙韻。亦云可使，見

上。**怨及朋友。**叶紙韻，羽軌翻。○賦也。此章詩人自悼苦之辭，言其去住兩難也。「于」，往。「孔」，甚也。「棘」，小木叢生者，如棗而多刺。又，《方言》云：「凡草木刺人者，北燕、朝鮮之間謂之茦，自關以西謂之刺，江淮之間謂之棘。」言人皆曰往仕耳，殊不知仕途甚多荊棘，動輒遭刺，且有凶危也。一說：「棘」，通作「輕」，急也。謂其不得從容也。鄭《箋》云：「居今衰亂之世，云往仕乎？甚急迮且危。」亦通。「使」，即任使之使。我見讒言朋興，仕路之孔棘且殆也，於是萌乞休之志。告於上曰：「小臣無狀，不足供任使矣。」而天子不許也，且將以君臣大義責我，罪何能免，故曰「得罪于天子」。我既求去不得，則必夙夜在公，以盡厥職，姑不獲已，而亦云可使矣。而同官之朋友，又且咸相忌怨，似不容我為天子使者。去既不可，留復不可，亦且奈之何哉！《北門》之詩曰：「我入自外，室人交遍讁我。」則仕者為居者所忌也。此曰「亦云可使，怨及朋友」，則留者為出者所忌也。衰世臣工不和，轉相非怨，大率如此。異態同情，亦足慨矣。○**謂爾遷于王都，**虞韻。**曰予未有室家。**叶虞韻，攻乎翻。**鼠思泣血，無言不疾。**質韻。**昔爾出居，誰從作爾室？**質韻。○賦也。「爾」，朱子云：「指離居者。」即第二章所言「正大夫」也。「遷」，《說文》云：「登也。」《集韻》云：「去下之高也。」《詩》：「遷于喬木」，其義如此。「王都」，京師也。詩人因己之留居王都，而為朋友所怨也，乃呼離居者而告之曰：爾今亦自外而還朝何如？而彼不肯也，但託言己於王都未有室家可居耳。詩人見彼之不肯來而己之不得去也，自狀其思曰「鼠思」，言其幽憂窘迫，如鼠在穴中，不得出也。「泣」，《說文》云：「無聲出淚也。」建安何士信云：「人淚必因悲聲而出，若血出，則不緣聲也。今無聲而涕出，如血之出，故曰泣血。」「疾」，通作「嫉」，憎惡之意。我所以憂思之甚至於泣血者，亦謂國無群僚，誰與共理？而彼則不以為然，但聞我勸遷王都之言，則無不見憎嫉也，故又因而詰之曰：爾謂王都無室家可居，是則然矣。然昔爾自都出居於外，此時都中本有室家，而外則無之，誰隨爾營建室宅於彼乎？夫出既能作室，則還何患無家？爾亦無庸遁辭為也。抑是人也，即使其還而同朝，其所為者不過醜直害正之事，詩人何利焉？然猶惓惓屬望若此，蓋隱然以體國至情動之，庶幾幡然改圖，忠厚之至也。

　　《雨無正》七章，二章章十句，二章章八句，三章章六句。《韓詩》作《雨無極》，《子貢傳》、《申培說》、豐本俱作《雨無其極》。豐本又顛倒

章序，分為八章，五章章六句，二章章八句，一章十句。《序》云：「大夫刺幽王也。雨自上下者也，眾多如雨，而非所以為政也。」鄭《箋》謂「刺王所下教令甚多而無正也」。歐陽修云：「古之人於詩多不命題，而篇名往往無義例。其或有命名者，則必述詩之意，如《巷伯》、《常武》之類是也。今《雨無正》之名，據《序》所言，與詩絕異，當闕其所疑。」蘇子縬則云：「雨之至也，不擇善惡而雨焉。幽王之世，民之受禍者，如受雨之無不被也。夫雨豈嘗有所正雨哉？此所以為雨無正也。」愚按：二說俱難通。以詩意玩之，所謂「雨」，即「戎成不退，饑成不遂」。禍亂之來，其多如雨也。所謂「無正」，即「正大夫離居」，無勖勸國事也。馮時可云：「《雨無正》之篇，不敢刺王而言天，不敢指天而言雨，其稱名也隱，其慮患也深。」而元城劉氏又云：「嘗讀《韓詩》，有《雨無極》篇，序云：『《雨無極》，正大大刺幽王也。』至其詩之文，則比《毛詩》篇首多『雨無其極，傷我稼穡』八字。」元詩所見《韓詩》本，世無傳者，似未足信。朱子疑之，謂第一、二章本皆十句，今遽增之，則長短不齊，非詩之例。又，此詩實正大夫離居之後，瞽御之臣所作。其曰「正大夫刺幽王」者，亦非是。夫以章句長短為疑，或云未可綮例。然謂此詩為正大夫所作，則詩中明有「正大夫莫知我勣」之語，對彼言我，其不作於正大夫明矣。至若《子貢傳》、《申培說》，篇名皆作《雨無其極》，殆後人取元城之說附會為之，非古書也。《申培說》又以此詩為「東遷之初，大夫有不忠於王室者，瞽御之臣閔之而作」。《傳》亦有「王室播遷」之語，而中有闕文，其意亦同此。又襲《大全》中安成劉氏之說，謂「東遷之際，群臣懼禍者因以離居，不復隨王同遷於東都，故見於詩詞如此」。鄭《箋》則以為「刺厲王之詩」，謂「在王流彘後所作」，總皆泥於「周宗既滅」之云。然細味詩意，俱不似且，絕無稽據。

# 北山

《北山》，行役之士刺幽王不均也。勞於王事，而不得養父母焉。《孟子》曰：「是詩也，勞於王事，而不得養父母也。曰：此莫非王事，我獨賢勞也。」子夏《序》同，而以為「大夫刺幽王役使不均」。愚按：篇中自敘「偕偕士子」，而怨「大夫不均」，則作此詩者其為士而非大夫明甚。唯謂「刺幽王」，則理固可信。《雨無正》之詩曰：「正大夫離居，三事大夫，莫肯夙夜」，即所謂「大夫不均，燕燕居息」也；「曾我瞽御，慘慘日瘁」，即所謂「偕偕士

子，盡瘁事國」也。特彼意主黽勉盡職言，此意主行役四方言，微不同耳。三山李氏云：「北山不當怨而怨，夫子不刪之者，蓋所以刺幽王也。孔子曰：『公則悅〔註119〕。』人主苟有均平之心，則雖征役之重，不以為怨。若不均，則雖未甚勞苦，而人亦將怨矣。觀《大東》之詩則有『粲粲衣服』者，有『葛屨履霜』者，《北山》之詩則有『息偃在床』者，有『不已于行』者，天下安得而悅服哉？」鄧元錫云：「雅之盛也，上平其政，載恤其私，內外均勞役也，故士盡瘁而忘其勞。雅之變也，上不平其政，不恤其私，私內勤外，故士盡瘁而哀其病。蓋《四牡〔註120〕》、《皇華》之意，索其盡矣。」

**陟彼北山，言采其杞。**紙韻。豐氏本作「芑」。**偕偕士子，**紙韻。**朝**豐本作「畾」。**夕從事。**叶紙韻，鋤裏翻。**王事靡盬，**霽韻。**憂我父母。**叶霽韻，滿補翻。亦叶紙韻，母鄙翻。○賦也。「杞」，枸〔註121〕檵，解見《四牡》、《杕杜》篇。郝敬云：「北山，背陽之比。杞，苦菜，食苦之比。」「偕」，《說文》云：「俱也。」士，六等之爵之一，有上士、中士、下士。「子」者，男子之通稱。嚴粲云：「偕偕，同也。士子，己之侶也。」「王事靡盬」，解見《鴇羽》篇。「憂我父母」，貽父母以憂也。詩人奉王命行役於外，言「陟彼北山」，採杞而食，勞苦飢餓甚矣，念我偕偕然與眾士子旅行，以朝夕從王之事，無有休時，亦以王事不可以不堅固，故我當盡力勤勞于役，乃至久不得歸，使父母思我而憂也。○**溥**《左傳》、《孟子》、《荀子》、《韓子》、豐本俱作「普」。**天之下，**叶霽韻，後五翻。**莫非王土。**霽韻。**率土之濱，**真韻。《說文》、豐本俱作「瀕」。**莫非王臣。**真韻。**大夫不均，**真韻。**我從事獨賢。**叶真韻，下珍翻。○賦也。「溥」，《爾雅》、《說文》皆云：「大也。」「率」，通作「衛」，字從行，故毛《傳》以為「循也」。「濱」，《說文》本作「瀕」，水厓也。孔穎達云：「濟、濱、涯、浦，皆水畔之地，同物而異名也。民居不盡近水，而以濱為言者，古先聖人謂中國為九州，以水中可居曰州，言民居之外皆有水也。」鄒子曰：「中國名赤縣，赤縣內自有九州，瀛海環之，是地之四畔皆至水也。」嚴云：「溥大天下，皆王土也。循土地之岸濱，除海水在外，居其中者，皆王臣也。」愚按：四句串說，意重「王臣」，以起下不均之意。《左·昭七年》：「楚申無宇曰：『天子經略，諸侯正封，古之制也。封略之內，

---

〔註119〕「悅」，四庫本作「說」。
〔註120〕「牡」，底本誤作「牲」，據四庫本改。
〔註121〕「枸」，底本、四庫本誤作「拘」，據本書卷七《四牡》、《杕杜》改。

何非君土？食土之毛，誰非君臣？故《詩》曰：普天之下，莫非王土。率土之
濱，莫非王臣。天有十日，人有十等。下所以事上，上所以供神也。故王臣
公，公臣大夫，大夫臣士，士臣皂，皂臣輿，輿臣隸，隸臣僚，僚臣僕，僕臣
臺。馬有圉，牛有牧，以待百事。」又，《呂氏春秋》謂「舜自為詩，曰：普
天之下，莫非王土。率土之濱，莫非王臣」。此疑與咸丘蒙同一說，而託之於
舜耳。豐熙云：「大夫指官長之預國政者。」「均」，《說文》云：「平遍也。」
王安石云：「取數多謂之賢。《禮記》曰：『某賢於某若干』，與此同義。」《小
爾雅》云：「我從事獨賢，勞事獨多也。」謝枋得云：「自古君子常任其勞，小
人常處其逸。君子常任其憂，小人常享其樂。雖曰役使不均，我獨賢勞，然君
子本心亦不願逸樂也。」朱子云：「不斥王而曰大夫，詩人之忠厚如此。」愚
按：此亦指其實言之。玩後章「燕燕居息」等語，則大夫不止一人。凡正大夫
及三事所屬之大夫皆有，故統以大夫言。上章雖言「偕偕士子，朝夕從事」，
玩此則士子之中，己又獨當其勞也。又，《左・襄十三年》：「晉侯使士匄將中
軍，辭曰：『伯遊長。』君子曰：『讓，禮之主也。范宣子讓，其下皆讓，晉國
以平，數世賴之。刑，善也。夫一人刑善，百姓休和，可不務乎？周之興也，
其詩曰：儀刑文王，萬邦作孚。言刑善也。及其衰也，其詩曰：大夫不均，我
從事獨賢。言不讓也。世之治也，君子尚能，而讓其下；小人農力，以事其
上。是以上下有禮，而讒慝黜遠，繇不爭也，謂之懿德。及其亂也，君子稱其
功，以加小人；小人伐其技，以馮君子。是以上下無禮，亂虐並生，繇爭善
也，謂之昏德。國家之敝，恒必繇之。』」此以獨賢為不讓，其旨又異。○四
**牡彭彭**，叶陽韻，蒲光翻。《說文》作「騯騯」。**王事傍傍**。陽韻。**嘉我**
**未老，鮮我方將**。叶陽韻，資良翻。**旅**豐本作「呂」。**力方剛**，陽韻。**經**
**營四方**。陽韻。○賦也。「彭彭」，當依《說文》作「騯騯」，馬盛也。「傍」，
通作「旁」，側出無方所之意。彭彭四牡，奉使時所乘，而又每有意外之王事
紛至沓來，所以勞而不得息也。「嘉」，美也。「鮮」，通作「尟」，少也。朱子
云：「以為少而難得也。」「將」，毛《傳》訓「壯」，當通作「壯」。「未老」以
年言，「方將」以力言。下文言「旅力方剛」，正其實也。「旅」，毛云：「眾也。」
嚴云：「《秦誓》『旅力既愆』，夏氏解謂『眾力』，如目力、耳力、手力、足
力也。或說『旅』為『陳』，如『陳力就列』之『陳』。然陳力方剛，則不辭
矣。」「經」，經畫。「營」，營造。如人作室，曰「經之營之」是也。言我之
從事所以獨賢於諸大夫者，以王美我之年尚未老，且氣力方壯，亦少有如我

者，如耳目聰明、手足輕捷之類，無在不見其剛強，故獨使我區畫造作四方之事也。謝云：「此詩本為役使不均、獨勞於王事而作，反以王為知己，忠厚之至也。」○或燕燕《漢書》作「宴宴」。居息，職韻。或盡《左傳》、豐本俱作「儘」。瘁《左傳》、豐本俱作「悴」。《漢書》作「頜」。事國。職韻。或息偃豐本作「匽」。在床，陽韻。或不已于行。叶陽韻，戶郎翻。或不知叫陸德明本作「嘂」。號，叶豪韻，呼刀翻。豐本作「号」。或慘慘陸本作「懆懆」。劬勞。豪韻。或棲豐本作「鹵」。《大全》、朱《傳》俱作「栖」。遲偃豐本作「匽」。仰，養韻。陸本、豐本俱作「卬」。或王事鞅掌。養韻。或湛家諱。樂音絡。飲酒，有韻。或慘慘畏咎。有韻。或出入風議，叶支韻，魚羈翻。或靡事不為。支韻。○賦也。劉公瑾云：「以下凡十二句為偶，皆以他人之逸樂對己之憂勞，所以形容『不均』之意。」愚按：單句六「或」字，分六項人看。首言「燕燕居息」，蓋指正大夫也。自「息偃在床」而後，其情狀各不同，則三事大夫之輩耳。雙句分六項，總是自道，以與上句〔註122〕對舉相形，故皆用「或」字。「燕燕」，當依《漢書》作「宴宴」，安也。輔廣云：「重言之，見安之甚也。」愚按：六官之長，養尊處優，故特以「燕燕」言。「居」，謂私居。「息」，謂休息。言惟休息於私居而已，無所事事也。「瘁」，病也。「盡瘁」，猶言盡勞，與「燕燕」對看。「事國」，嚴云：「從事於國也。與『居息』對看。」《左·昭八年》：「晉侯謂伯瑕曰：『吾所問日食，從矣。可常乎？』對曰：『不可。六物不同，民心不壹，事序不類，官職不則，同始異終，胡可常也？《詩》曰：或燕燕居息，或盡瘁事國。其異終也如是。』」「偃」，《說文》云：「僵也。」《吳越春秋》云：「迎風則偃，背風則僕。」僕是前覆，偃是卻倒。「床」，《說文》云：「安身之坐者。」劉熙云：「床，裝也，所以自裝載。」徐鉉云：「《左傳》：『蓬子馮詐病，掘地下冰而床焉。至於恭坐，則席也。』故從爿。爿象人斜身有所倚著。」愚按：休息而偃臥於床，如今仕者之引疾在告也。「已」，止也。不止於行，謂日馳驅於道路。若病則不能矣。「叫」，徐鉉云：「直聲呼也。」《釋文》作「嘂」，謂大呼也。《周禮》：「雞人掌夜嘑旦嘂百官。」即此號。亦呼也。一云：教，令也。孔穎達云：「或不知叫號者，居家用逸，不知上有徵發呼召也。」愚按：此有意違命而佯為不知者。「慘慘」，當依《釋文》作「懆懆」，以別於後之「慘慘畏咎」。「懆」，《說文》云：「愁不安也。」與

下「劬勞」連言，所謂勞人慅慅也。其勞頻數曰劬勞。「棲遲」，解見《衡門》篇。「仰」，舉首也。李氏云：「有棲遲於家而偃仰者。」愚按：此如今仕者之請急休沐，或偃或仰，則象其夷猶自得之容耳。「鞅」，《說文》云：「頸組也。」孔云：「馬鞅之鞅掌。」《說文》云：「手中也。」控馬者執組在手，一釋手則馬逸矣。身肩王事，如納鞅於掌中，無時可以暫釋。則雖欲不夙夜在公，亦不可得，寧復有棲遲於家之日乎？《說文》云：「媅，樂也。從女。」今文與從水通用。又，《說文》云：「酖樂酒也。」徐云：「酖酖然安且樂也。」觀下文言「飲酒」，則通云酖亦可。此以酩酊而曠廢職業者，亦其咎責不及，故能適意如是。「慘」，《爾雅》云：「憂也。」「咎」，《說文》云：「災也。從人從各。各者，相違也。」鄭云：「猶罪過也。救過不暇，其焉能樂？畏者，樂之反也。」「風」，如馬牛其風之風。鄭云：「猶放也。」言其議論不根，如風飄蕩。且出亦議論，入亦議論，則天下事之不經其議論者蓋亦少矣，然何嘗以身親之乎？而我則百責交萃，至於無所不為。《雨無正》之詩曰：「哀哉不能言，匪舌是出，維躬是瘁。哿矣能，言巧言如流，俾躬處休。」正此詩之謂也。以上兩兩相形，其不均有如此者。劉氏云：「彼或如彼，我則如此。以彼為賢耶，則國事待我而集。以我為賢耶，則厚祿居彼為多。」丁奉云：「『或』字十二疊，詩中奇格也。後代〔註 123〕韓昌黎《南山》詩、文信國《正氣歌》皆祖諸此。」

**《北山》四章，三章章六句，一章十二句**。舊作六句。自「或燕燕」而下分為三章，章各四句。○《子貢傳》以為懿王時詩。鄒忠胤諛其說，引《竹書紀年注》，謂「懿王之世，興居無節，號令不時，挈壺氏不能供其職，諸侯於是攜德」。按：此乃全抄《東方未明》篇詩序，固《齊詩》也。沈約意其在懿王時，遂以屬之耳。然即如所云，亦于役使不均何與？《申培說》及朱《傳》皆謂「大夫行役作此」，與《序》略同，辨已見前。

## 何草不黃

**《何草不黃》，周室將亡，征役不息，行者苦之，故作此詩**。出朱《傳》。○曰周將亡，則朱子亦以為在幽王之世矣。此詩與《北山》相表裏。《北山》為行役之士所作，故其詩曰「偕偕士子，朝夕從事」，又曰「大夫不

〔註 123〕「代」，底本誤作「仕」，據四庫本改。

均，我從事獨賢」。此詩為從役行役之人所作，故曰「哀我征夫，獨為非民」，蓋自道也。又曰「有棧之車，行彼周道」，正指士也。二詩中亦皆有「經營四方」之語，其為同時共事明矣。

**何草**豐氏本作「艸」。後同。**不黃**？陽韻。**何日不行**？叶陽韻，戶郎翻。**何人不將**？叶陽韻，資良翻。**經營四方**。陽韻。○賦也。朱子云：「草衰則黃。」鄭玄云：「歲晚矣，何草而不黃乎？言草皆黃也。」孔穎達云：「『何草不黃』，是見黃而怨。若草大始去，或欲黃乃行，不應見草之黃。嗟怨若此，明草有生死之期，行者睹物而思日月長久，征行不息，是其所以怨也。」「何日不行」，言歲已將盡，可休息矣，而行猶未已，正與《北山》篇「不已于行」語意相類。此二句，只據自己言。「何人不將」二句，推廣言之，見行役者不獨一人，所以為時事慨也。「將」，有相扶持之義。字從寸。寸者，手也。言何人不為奉王命以經營四方之故，而相將以偕行乎？「經營」，解見《北山》篇。幽王之世，行役不息之事無所考。然讀《小明》、《大東》諸詩，意必政令繁興，誅求無藝，其僕僕道路之象，殆可想見。詩即史也。○**何草不玄**？先韻。亦叶真韻，胡勻翻。**何人不矜**？叶真韻，渠中翻。亦叶先韻，姑元翻。《韓詩》、豐本俱作「鰥」。**哀我征夫**，豐本「征夫」作「人斯」。**獨為匪民**。真韻。亦叶先韻，彌延翻。○賦也。「玄」，鄭云：「赤黑色。」始春之時，草芽孽者將生，必玄於此時也。孔云：「玄色在緅緇之間。《春秋元命苞》、《稽耀嘉》皆言夏以十二月為正。物生色黑，故知始春之時，草牙孽者將生必玄也。」王安石云：「草既黃而死矣。歲暮之時，死而復生，其色既玄，則又改歲矣。」《焦氏易林》云：「何草不黃？至末盡玄。室家分離，悲愁於心。」按：《小明》篇，大夫以十二月西征，中歷一歲，至後歲之二月，猶未得歸。《四月》篇，大夫亦以去歲六月征伐南國，至今歲四月猶未得歸。以此而推，當時征途所見，其為草之歷黃而玄者多矣。「矜」、「兢」音同，通用。「兢」者，戰慄之貌。凡憐人者，必為之心寒色戰，故矜有憐義。「何人不矜」，言豈有人而不相矜憐者乎？先儒謂天地之性，人為貴。人之於人，尤為同類而相親。正此意也。草既黃而又玄，生意之不斷也。人皆有不忍人之心，性體之本然也。「哀我征夫」，雖主我言，凡同時行役者皆兼舉之，猶云我輩也。「匪」，通作「非」，後同。孔云：「既久役如此，哀我征行之夫，豈獨為非民乎？若亦是民，當休息，何為使之從役久而不得歸也？」謝枋得云：「《東山》、《采薇》、《出車》、《杕杜》諸詩，敘情憫勞，皆以室家之望者為說。同為天民，血氣嗜

欲，豈有異哉？先王以民待民，幽王之待民如犬馬耳，故曰『哀我征夫，獨為匪民。』」○**匪兕匪虎**，纍韻。**率彼曠野**。叶纍韻，讀如豎，上主翻。**哀我征夫，朝**豐本作「鼂」。**夕不暇**。叶纍韻，後五翻。○賦也。「兕」，解見《吉日》篇。「虎」，《說文》云：「山獸之君也。」《格物論》云：「虎屬陽獸，狀如貓，而大如黃牛，黑章，鉤爪踞牙，舌不大於掌，生倒刺，須硬尖而光，橫行而妥尾。其怒而吼也，聲如雷，百獸為之震恐，而風從之生。」〔註124〕《考異郵》云：「三九二十七日，陽氣成，故虎七月而生。陽立於七，故虎首尾長七尺。般般文者，陰陽襍也。」《癸辛襍志》云：「虎不行曲路。」「率」，通作「衛」，循也。衛從行，故有循義。「曠」，顏師古云：「廣也。」毛云：「空也。」「野」者，郊外通名。陸佃云：「言兕牴觸，虎搏噬，先王驅而遠之，則率彼曠野，兕虎之所宜。今征人如此，則可哀矣。」按：《家語》：「楚昭王聘孔子，孔子往拜禮焉。路出於陳、蔡，大夫使徒兵距孔子，不得行，絕糧七日，外無所通。孔子乃召子路而問焉，曰：『匪兕匪虎，率彼〔註125〕曠野。吾道非乎？奚為至於此乎？』」引詩之意，亦為被人驅逐，使循行於曠野而無所棲泊也。孔云：「我此役人，非是兕，非是虎，何為循曠野之中，與兕虎無異乎？時既視民如禽獸，故哀我此征行之夫，朝夕常行，而不得閒暇。」○**有芃者狐，率彼幽草**。皓韻。**有棧之車，行彼周道**。皓韻。「芃」，興也。《說文》云：「艸盛貌。」徐鍇云：「汎汎然若風之起也。」「狐」，解見《有狐》篇。以芃言狐者，丘氏云：「毛尾長貌。」「幽」，《說文》云：「隱也。」「幽草」，謂草中也。孔云：「狐草行草止。」羅願云：「雄狐者，君子之象也。《春秋》：『秦穆伐晉，筮之吉，曰：獲其雄狐。釋者曰：夫狐蠱，必其君也。既而獲晉惠公。』」「棧」，《說文》云：「棚也。」竹木之車曰棧。按：《周禮·巾車》職云：「服車五乘：孤乘夏篆，卿乘夏縵，大夫乘墨車，士乘棧車，庶人乘役車。」《注》謂服車，服事者之車也。夏，即夏翟之夏，五采備乃為夏。轂有約曰篆。夏篆謂以五采畫轂約也。夏縵亦五采，畫如縵帛，無篆耳。墨車無畫，以墨漆革車而已。棧車謂不革鞔而漆之。役車方箱，可載任器以共役。又，《大昏禮》，攝盛亦得乘墨車。《考工記·輿人》云：「棧車欲弇，飾車欲侈。」《注》謂「棧車無革鞔輿，亦可折壞，故欲弇向內為之」。飾車以革鞔輿，不畏折壞，故欲得向外後也。未命為士者，不得乘飾車。士得乘飾車者，

〔註124〕參此書同卷《巷伯》「投畀有昊」句。
〔註125〕「彼」，底本誤作「波」，據四庫本改。

後異代法也。又,《儀禮・既夕》篇云:「賓奠幣於棧。」程良孺云:「車之上者有棧。今人編竹置木,亦謂之棧。則棧車者,編竹為輿也。」「周道」,謂周之路。孔云:「狐本是草中之獸,故可循彼幽草。此人本非禽獸,何為行彼周道之上,常在外野,與狐在幽草中同乎?故傷之也。」嚴粲云:「士乘棧車,行於周之道路,非特民也。」愚按:此士蓋征夫所從者。

《何草不黃》四章,章四句。《序》云:「下國刺幽王也。四夷交侵,中國背叛,用兵不息,視民如禽獸,君子憂之,故作是詩也。」按:經有「征夫」之語,故《序》以「用兵不息」為言。然出使、行役皆名曰征,不必征伐也。至此詩乃征夫所作,語氣昭然,與「下國」無預。或疑為舉火召諸侯師之事,其曰「棧車」,則謂因兵車不足而取之為物力凋敝之證。然篇中言「經營四方」,豈云命諸侯勤王乎?《子貢傳》有「桓王卒苦之」五字,而「桓王」下缺二字。《申培說》直云:「桓王之世,伐滕、薛、唐、杞諸國,連歲不息,周人苦之,而作是詩。」今按:伐滕、薛、唐、杞事無所考。鄒忠胤以為「先是魯隱五年,曲沃莊伯以鄭人、邢人伐翼,王使尹氏、武氏助之。無何,而曲沃叛,王乃始命虢公伐曲沃,而立哀侯于翼。喜怒總以恣其私,不足彰天討,而三時之中,再尋干戈,輕用民力如此。嗣是魯隱九年,宋公不王。鄭伯為王左卿士,以王命討之,徵兵畿內可知己。魯桓四年冬,王師、秦伯圍魏,執芮伯以歸,師競已甚。明年,遂有伐鄭之役,繻葛中肩,王令益不行於天下。嗣是曲沃滅翼,王命虢仲立晉哀侯之弟緡於晉。又十年春,虢仲譖其大夫詹父,詹父有辭,以王師伐虢。終桓王之世,無歲不有兵革軍旅,驛騷非止。《春秋》所書,伐鄭一役而已。此正所謂『經營四方』者」。按:如鄒說,歸之桓王,亦近似。但篇中何故專指士之棧車為言,明與《北山》「偕偕士子」之言吻合,故仍定以為幽王世之詩。

## 小明

《小明》,大夫悔仕於亂世也。出《序》。遭時不偶,役則偏苦,行則過期,所以悔也。出馮時可《詩說》。○鄧元錫云:「世亂則制命者庇私人而媚賢,必真之艱虞,投之煩劇,張之深文刻法,或制之前,或議其後,或牽其左右,凌捽頓躓,靡所不至,己又從而挖齕之。蓋內不量心,外不度力,俾進不得遂,退不得全,必窘其用,蔑其名,使敗塗地而後已也。故《北山》

傷其獨勞，《小明〔註126〕》畏其罪罟，譴怒反覆也。如張之罟然，罹之豈有脫哉？古於危亂，不入不居，有以也夫。」愚按：此西征大夫困於行役，瓜期已踰，而代者不至，故作此詩。觀前三章皆曰「念彼共人」，後二章曰「無恒安處」、「無恒安息」可見。當與《北山》合看。篇名《小明》，歐陽修以為《大雅》「明明在下」謂之《大明》，《小雅》「明明上天」謂之《小明》，自是名篇者偶為志別耳。馮謂「耿耿小明，乃憂之貌，故取以命篇」，亦通。

**明明上天，照臨下土。**霽韻。**我征徂西，至於艽**豐氏本作「荒」。**野。**叶霽韻，讀如豎，上主翻。**二月**豐本作「日」。**初吉，載**豐本作「再」。**離寒暑。**叶霽韻，讀如數，爽主翻。**心之憂矣，其毒大苦。**霽韻。**念彼共**音恭。後同。**人，涕零**豐本作「霝」。**如雨。**霽韻。**豈不懷歸？畏此罪**豐本作「辠」。**罟。**霽韻。○賦也。蘇轍云：「大夫行役久勞而不息，故稱天之無不照臨，言臣下無賢勞而不察者也。」《爾雅》云：「春為蒼天，夏為昊天，秋為旻天，冬為上天。」李巡云：「冬氣在上，萬物伏藏，故曰上天。」陸佃云：「言時無事，在上臨下而已。」今按：此以上天對下土，則不必泥冬為上天之說。詩意呼天而訴之，但欲其見察而已，故以「明明」言。「明明」者，照也。「明明在上」者，以能照為臨也。鄭玄云：「『征』，行。『徂』，往也。我行往之西方也。」孔穎達云：「野是遠稱。艽蓋地名。」今按：「艽野」，未詳其地。《說文》訓「艽」為「遠荒」，或當是西戎荒服之地耳。「二月」，朱子云：「夏正建卯之月。」「初吉」，毛《傳》云：「朔日也。」孔云：「以言初而又吉，故知朔日也。君子舉事尚早，故以朔為吉。《周禮》『正月之吉』，亦朔日也。」按：「二月初吉」文繫在「至于艽野」之下，當是此時作詩之日，非徂征初行之日。玩後章云「昔我往矣，日月方除」，則知此大夫徂西在前歲之十二月，中歷一歲，至今歲之二月，猶未得歸，故云「載離寒暑」也。「載」，猶更也。按：「載」字從車。車，所以載物而運行者。唐、虞號年為載，取物終更始，以年運而往為義。「上天之載」，其義亦同。「離」者，脫離之離。前此歷春夏而秋，已離乎暑；今此歷秋冬而春，又離乎寒也。「心之憂矣」，憂未得歸也。孔云：「其憂之甚，則如毒藥之大苦然。」「共」，通作「供」，具也。「共人」，謂治事之人。輔廣云：「即靖共爾位之僚友也。」愚按：此共人蓋指在內僚友，當出與己代者。本安處而不肯供事，乃以共人稱之，亦反詞也。雨

---

〔註126〕「明」，底本誤作「人」，據四庫本改。

餘為零。望其來而不來，故涕之下有如雨也。「罟」，徐鉉云：「網之總名。」輔云：「言其以罪而加人，如網罟取物，而物有不及知者也。」愚按：此言己本無罪，但恐以歸獲罪，故雖過期懷歸，而終不敢也。桓寬云：「古者行役不踰時，春行秋反，秋往春來，寒暑未變，衣服不易。固已還矣，上不苛擾，下不煩勞，各修其業，安其性。今則繇役極遠，盡寒苦之地，危難之處，今茲往而來歲還，父母延頸而西望，男女怨曠而相思，故一人行而鄉曲恨，一人死而萬人悲。《詩》曰：『念彼恭人，涕零如雨。豈不懷歸？畏此罪罟。』」○**昔我往矣，日月方除。**叶遇韻，讀如措，蒼故翻。**曷云其還，歲聿云莫。**叶遇韻，漠故翻。**念我獨兮，我事孔庶。**叶遇韻，讀如素，蘇故翻。**心之憂矣，憚**陸德明本、豐本俱作「癉」。**我不暇。**叶遇韻，胡故翻。**念彼共人，睠睠**《文選注》作「眷眷」。**懷顧。**遇韻。**豈不懷歸？畏此譴怒。**遇韻。○賦也。「日月方除」，謂十二月也。「除」，毛云：「除陳生新也。」邢雲路云：「如《堯典》朔易，言醜月歲功將興，正除舊更新之日。」「雲」、「聿」，皆詞也。「還」，《說文》云：「復也。」當徂征之時，預計之曰，何時可以言歸，必歲暮方可竣此役，蓋以匝歲為期也。「庶」，眾也。鄭云：「我事獨甚眾，言王政不均，臣事不同也。」「憚」，《說文》云：「忌難也。」身獨而事眾，是以心焉懷憂，唯忌畏我之力量難支，必至於日不暇給也。「睠」、「顧」皆以還視為義，所謂內顧也。此指共人言。「譴」，《說文》云：「謫問也。」念彼在位供事之人方且皆以勤視妻子為念，我豈不思家哉？祇畏上人譴怒之及，故不敢耳。此章本其于役之始而言之。○**昔我往矣，日月方奧。**叶屋韻，於六翻。豐本作「隩」。**曷云其還？政事愈蹙。**屋韻。**歲聿云莫，采蕭穫菽。**屋韻。**心之憂矣，自詒伊戚。**叶屋韻，子六翻。《左傳》作「慼」。**念彼共人，興言出宿。**屋韻。**豈不懷歸？畏此反覆。**叶屋韻，芳六翻。○賦也。「奧」，《說文》云：「宛也。室之西南隅。」朱氏云：「古人室在東南隅，門開東北隅為穴，入西北隅為堂，西南隅為奧。人隨進，先見東北，卻到西北，然後西南，此至深密之地。」愚按：此與《堯典》「厥民隩」同義，言是時日月正在季冬，氣方寒而民聚於室之內也。「愈」，鄭云：「猶益也。」「蹙」，《說文》云：「迫也。」何時能來旋乎？其如政事糾紛，擘畫不前，愈益蹙迫何哉！捋取曰採，刈穀曰穫。「蕭」，解見《生民》篇。「菽」，解見《七月》篇。「采蕭穫菽」，事在秋冬之交。言歲行且暮矣，人皆有事於此，將以為改歲之備也。董鼎云：「採蕭所以祭也，穫菽所以畜也。觀時之晚，所以為畜為祭不

得有備，故憂之而感也。」「詒」，通作「貽」，遺也。「伊」，語辭。「戚」，當依《左傳》作「慼」。慼即憂也。鄭云：「我冒亂世而仕，自詒此憂。悔仕之辭。」「興」，起也。「言」，亦語辭。「宿」，止也。「興言出宿」，亦指共人言，冀其起而出宿於外，將來代己也。然而不可必也，故繼之曰：我一年役事已竣，豈不思歸哉？但畏此供事之人不循常道，反覆而未即來耳。「反覆」二字義互相通，但倒上而下即為反，易面而背即為覆，亦微有辨。此章又敘其竣事之際而言之。○**嗟爾君子，無恒安處**。叶語韻，敝呂翻。靖《外傳》作「靜」。共《漢書外傳》、豐本俱作「恭」。**爾位，正直是與**。語韻。**神之聽之，式穀以女**。語韻，音汝。○賦也。「嗟」，歎聲。「君子」，指僚友。謝枋得云：「即所謂共人也。」「無」，通作「毋」，誡辭也。「恒」，《說文》云：「常也。」「安處」，安於其所止之地也。蘇轍云：「有久勞於外，則必有久安於內者矣，故告之使無以安處為常。」朱子云：「言當有勞時，勿懷安也。」「靖」，《說文》云：「立竫也。」「竫」者，亭安也。蓋亭亭安立而不遷之意。《書》曰「自靖」，解者以為安其義之所當為是也。「共」，通作「供」。「靖共爾位」，勖之自靖，以供其職，則東西南北自當唯命是從矣。「正」者，無邪。「直」者，無曲。此正直指人言。「與」者，與之遊也。僚友中有不正不直之人，思中人之歡心，必導以擇便偷安之說，故言此以深規戒之。末冀鑒於神，亦怨語也。「聽」，猶察也。「式」，用也。「穀」，善也，猶言福也。《春秋傳》云：「能左右之曰以。」「女」，即爾也。孔云：「女者，相於之辭。《禮·表記》篇：『子曰：事君不下達，不尚辭，非其人弗自。』《小雅》曰：『靖共爾位，正直是與。神之聽之，式穀以女。』」《疏》云：「言若見正直善人，於是與之為朋友，如此則神明聽聆女之所為，用此福祿以與女也。」徐幹引此詩，亦云：「君子之交人也，歡而不媟，和而不同，好而不佞詐，學而不虛行，易親而難媚，多德而寡非，故無絕交，無畔朋。《書》曰：『慎始而敬終，終以不困。』」王應麟云：「『神之聽之，終和且平』，朋友之信，可質於神明。『神之聽之，式穀以女』，正直之道，無愧於幽隱。」愚按：此下二章皆反語，玩一「無」字可見。責僚友正所以自傷也。○**嗟爾君子，無**《春秋繁露》作「勿」。《漢書》作「毋」。**恒**《漢書》作「常」。**安息**。職韻。靖《繁露》作「靜」。共《外傳》、豐本俱作「恭」。**爾位，好**去聲。**是正直**。職韻。**神之聽之，介爾景福**。叶職韻，筆力翻。○賦也。「安息」比「安處」較深。息有休息之義，言了不事事也。「好」，猶慕也。此正直主己言，言在己當以正直之道為

好。同為王臣，勞逸均之，若居人於勞而自處以逸，不正不直孰甚焉。馬融云：「有國之建，百工惟才。守位謹常，非忠之道。故君子之事上也，入則獻其謀，出則行其政，居則思其道，動則有儀，秉職不回，蓋百工之忠也。《詩》云：『靖共爾位，好是正直。』」又，《禮·緇衣》篇：「子曰：『有國家者，章善癉惡，以示民厚，則民情不貳。』」亦引此詩。此以「好是正直」為愛好正直之人，又是一說。「介」，鄭云：「助也。」按：古者主有擯，客有介，故以介為助。「景」，《說文》云：「光也。」「景福」，謂彰明可見之福。言「穀」，言「福」，即永保祿位之意。《荀子》引此詩而云：「神莫大於化道，福莫長於無禍。」董仲舒云：「聖人於鬼神也，畏之而不敢欺也，信之而不獨任，事之而不專恃。恃其公，報有德也。幸其不私，與人福也。其見於《詩》曰：『嗟爾君子，勿恒安息。靖共爾位，好是正直。神之聽之，介爾景福。』正直者，得福也。不正者，不得福。此其法也。」《左·襄七年》：「晉韓獻子告老，公族穆子有廢疾，將立之。辭曰：『無忌不才，讓其可乎？請立起也。與田蘇遊，而曰好仁。《詩》曰：靖共爾位，好是正直。神之聽之，介爾景福。恤民為德，正直為正，正曲為直，參和為仁。如是則神聽之，介福降之。立之，不亦可乎？』庚戌，使宣子朝，遂老。」宣子，即韓起也。

《小明》五章，三章章十二句，二章章六句。豐氏本作四章，章十二句，合「嗟爾君子」二章為一章。○《子貢傳》有「厲王出居於彘」六字，下皆闕文。《申培說》亦云：「厲王流於彘，大夫之從行者歷時既久，悲傷而作。」按：此於詩義絕不相蒙，正以其中有「念彼共人」一語，為指共伯和耳。其妖妄如此。

# 匪風

《匪風》，檜之君子行役適周，見周道衰微，歸而感傷之作。《序》云：「思周道也。」國小政亂，憂及禍難，而思周道焉。《子貢傳》有「檜之君子」四字，而其下闕文。《申培說》及朱子皆以為「周室衰微，賢人憂之而作」。愚按：系〔註127〕此詩《檜風》之末，則作此詩者必檜之賢者也。《韓非子》云：「鄭桓公將欲襲檜，先問檜之豪傑、良臣、辨智果敢之士，盡與其名姓，擇檜之良田賂之，為官爵之名而書之，因為設壇場郭門之外而理之，釁之以

---

〔註127〕「系」，底本誤作「糸」，據四庫本改。

雞豭，若盟狀。鄶君以為內難也，而盡殺其良臣。桓公襲鄶，遂取之。」今觀此詩，則檜果非無賢臣也，特為鄭桓所間耳，國安能不亡？

**匪風發**叶曷韻，北末翻。**兮，匪車偈**叶曷韻，胡葛翻。《前漢書》、豐氏本俱作「揭」。《韓詩外傳》作「揚」。**兮。顧瞻周道，中心怛**曷韻。《前漢書》、豐本俱作「懟」。**兮。**賦也。「匪」、「非」通。「發」，錢氏云：「風大起也。」嚴粲云：「今俗呼大風為風發。」「偈」，《博雅》云：「疾也。」按：《說文》無「偈」字，當依《前漢書》作「揭」，云：「高舉也。」車升高，則在車上者必震盪而不安也。此亦車中即事之語。鄭玄云：「回首曰顧。」《廣韻》云：「仰視曰瞻。」與「民具爾瞻」之「瞻」同。「周道」，朱子云：「適周之路也。」孔穎達云：「言『顧瞻周道』，則周道已過，回首顧之。」愚謂詩言「顧瞻」，雖指適周之路，而意之所託，則仍在西周盛時。其禮樂刑政佈在方策者，與今之所行大不相同，如孔子所謂「我觀周道，幽、厲傷之」是也。孔云：「怛者，驚痛之言。詩人言我中心之所以驚怛者，非關風之大作也，非關車之高舉也，直謂周道日非，回首仰觀，不覺動傷今思昔之感耳。」又，《韓詩外傳》云：「國無道，則飄風厲疾，暴雨折木，陰陽錯氛，夏寒冬溫，春熱秋榮，日月無光，星辰錯行，民多疾病，國多不祥，群生不壽，而五穀不登。當成周之時，陰陽調，寒暑平，群生遂，萬物寧，故曰其風治，其樂連，其驅馬舒，其民依依，其行遲遲，其意好好。《詩》曰：『匪風發兮，匪車揚兮。顧瞻周道，中心怛兮。』」前漢王吉治《韓詩》，其上昌邑王疏云：「臣聞古者師日行三十里，吉行五十里。」引此詩說曰：「是非古之風也，發發者；是非古之車也，揭揭者。蓋傷之也。」今按：毛《傳》之解同此。但玩詩人語意，殊不爾，故不從。○**匪風飄**叶嘯韻。匹妙翻。**兮，匪車嘌**叶嘯韻，匹妙翻。《說文》作「嘌」。《釋文》作「票」。豐本作「瀌」。**兮。顧瞻周道，中心弔**嘯韻。**兮。**賦也。《爾雅》、《說文》皆云：「回風為飄。」李巡云：「旋風也。」嚴云：「今考《爾雅》：『扶搖謂之猋。』孫炎云：『回風從下上曰猋。』又云：『回風為飄。』與猋同音義別。蓋回風謂之飄，其回風自下而上則謂之猋。」「嘌」，《說文》云：「疾也。」字從口，蓋言聲之疾也。程大昌云：「言嘌嘌，無節度也。」上言「風發」，未明其為何風。此言「飄」，則所發者乃回風也。上言「車偈」，則行之不安。此言「嘌」，則其不安之見於聲者也。「弔」，毛云：「傷也。」上言「怛」，此言「弔」，先驚痛而後悲傷也。○**誰能亨**音烹。**魚？**

溉《說文》、《釋文》俱作「摡」。**之釜鬵**。侵韻。**誰將西歸？懷之好音**。
侵韻。〇比也。「亨」、「亯」同字，本進熟之義，故又借為熟物之名。後人加
「火」字於「亨」下，非古文也。「溉」，通作「摡」，《說文》、毛《傳》皆云：
「滌也。」《少牢禮》：「祭之日，雍人溉鼎，廩人溉甑」，是洗器之名。「鬵」，
《說文》云：「大釜也。」又，陸德明云：「鼎大上小下若甑，曰鬵。」孔云：
「《爾雅》：『䰝謂之鬵。』鬵，鉹也。孫炎云：『關東謂甑為鬵，涼州謂甑為
鉹。』然則鬵是甑，非釜類。烹魚用釜，不用甑。雙舉者，以其俱在食器，故
連言耳。」愚按：鬵果是甑，則非烹魚之器，不應與釜並言。政當依陸氏解，
其形若甑耳，非便可以鬵當甑也。「烹魚」以喻治國。曰「溉之釜鬵」者，取
洗濯更新之義，以喻當改弦易轍之意，猶《易》所謂「鼎顛趾，利出否」者，
與下文「懷之好音」相照。鄭云：「檜在周之東，故言『西歸』。」孔云：「檜
在滎陽，周都豐鎬，周在於西。」按：《匪風》作於幽王之世，周猶都鎬，故
云然。「懷」，抱也。「好音」，謂安民致治之言。貽之好音，使之懷之，倒句法
也。言誰有將西歸而見周天子者，將以興道致治之理告之，使之曠然一大變
革其政，以覆文、武、成、康之盛，毋徒使人瞻周道而興感也。呂祖謙云：
「《匪風》，思周道，何也？曰：政出天子，則強不陵弱，各得其所。政出諸
侯，則徵發之煩，共億之困，侵伐之暴，惟小國偏受其禍，所以睠懷宗周為獨
切也。戰國時，厲喜謂韓王曰：『大國惡有天子，而小國利之。』以此詩驗之，
其理益明。賈誼欲眾建諸侯而少其力，雖其言略而不精，亦可謂少知治體矣。」
章潢曰：「讀《素冠》而興孝思，讀《匪風》而動忠義，故曰『興於詩』。」

　　《匪風》三章，章四句。王符云：「《匪風》，冀君先教也。會仲不
悟，重氏伐之，上下不能相使，禁罰不行，遂以見亡。」所謂「先教」，未
詳其旨。


# 素冠

《素冠》，刺不能三年也。出《序》及朱《傳》。《子貢傳》、《申培說》俱
同。〇此詩在《鄶風》中，愚意當為刺鄶君而作。鄶君在位，好潔衣服。計其
居先君之喪，服制必不能如禮，故詩以為刺。

**庶見素冠**寒韻。**兮**，**棘**崔靈恩注、豐氏本俱作「惐」。**人欒欒**寒韻。《說文》
作「𢣔𢣔」。豐本作「戀戀」。**兮**，**勞心慱慱**寒韻。**兮**。賦也。「庶」，《爾雅》

云：「幸也。」「庶見」者，憂不得見之辭。「素冠」，王肅、鄭玄、孫毓皆以為大祥之冠。《玉藻》云：「縞冠素紕，既祥之冠也。」《注》云：「紕，緣邊也。既祥祭而服之也。」《間傳注》云：「黑經白緯曰縞。」其冠用縞，以素為紕，故謂之素冠也。毛《傳》以為練冠。按：禮，三年之喪，十三月而練。孔穎達云：「毛以此冠練布使熟，其色益白，是以謂之素焉。然經傳之言素者，皆謂白絹，未有以布為素者，則知素冠非練也。」鄒忠胤云：「人子於親喪，再期則大祥，祥後則將即吉，於是不以布為冠而以縞，然猶不以采為緣而以素，蓋雖漸易凶，而不敢遽用吉。此與《喪服小記》所謂『朝服縞冠』除喪不類。《小記》曰：『除殤之喪者，其祭也必玄。除成喪者，其祭也朝服縞冠。』此則期功之喪除服所通用，不必三年喪也。」「棘」，《韻會》云：「羸瘠也。」季本云：「因棘刺而言。棘刺葉少而體常露，故謂居喪而骨立見者為棘人。」愚按：即此冠素冠之人也。「欒」，當依《說文》作「臠」，云：「臞也。」「臞」者，少肉也。曰「欒欒」者，毀瘠之甚也。「勞心」，詩人自謂也。《說文》無「慱」字，當依作「團」，云：「圜也。」結聚不散之謂。世衰禮廢，庶幾有此欒欒之棘人，使我得而一見之，而其如終不可見何？故勞心而至於慱慱也。陳際泰云：「上古質樸心喪，父母有終身之哀痛焉。中世稍漓，心不可測也，於是制為喪服，緣情以為之節文，非止於三年，然而遂之，則是無已也。至春秋而廢久矣，悲夫！」○庶見素衣微韻。亦叶支韻，讀如依，魚羈翻。兮，我心傷悲支韻。兮，聊與子同歸微韻。亦叶支韻，讀如歸，區韋翻。兮。賦也。毛《傳》云：「素冠，故素衣也。」又，《禮‧深衣》云：「孤子，衣純以素。」「我心傷悲」者，哀其孝也。「子」，指棘人。後仿此。「聊與子同歸」者，言世有此敦崇古禮之人，則凡事必皆能如禮。自此我之諸凡趨向，皆欲與之同歸也。○庶見素韠質韻。兮，我心蘊結叶質韻，激質翻。兮，聊與子如一質韻。兮。賦也。「韠」，《說文》云：「韍也。所以蔽前，以韋為之。」《玉藻》云：「韠，君朱，大夫素，士爵韋。天子直，公侯前後，方大夫前方後挫角，士前後正。下廣二尺，上廣一尺，長二寸，其頸五寸。」古者席地而坐，以臨俎豆，故設蔽膝以備濡漬。鄭玄云：「冕服謂之韍，他服謂之韠。」又，孔云：「古者佃漁而食，皆衣其皮，先知蔽前，後知蔽後。後王易以布帛，而猶存其蔽前者，不忘本也。」陳祥道云：「衣之上韋，猶尊上玄酒，俎上生魚也。鄭氏謂衣之上韠者，執事以蔽裳為敬，與不忘其本之說戾矣。」孔云：「喪服斬、衰，有衰裳絰帶而已，不言其韠。《檀弓》說既練之服云：『練衣黃

裏、綅緣，葛要絰，繩屨無絇，角瑱，鹿裘』，亦不言有韠。則喪服始終皆無韠矣。禮，大祥祭服，朝服縞冠。朝服之制，緇帶素韠，韠從裳色。素韠是大祥祭服之韠，故毛公意亦謂卒章思大祥之人也。」鄒忠胤云：「《間傳》曰：『又期而大祥，素縞麻衣。』是則素冠、素衣、素韠特服於祥祭之日，祭訖則反服微凶之深衣，以寄其餘哀。至間一月而禫，禫而纖，斯無不佩矣。詩人所願見，謂其能舉祥祭者耳，終喪而後有祥。喪禮不終，則未祥而服已除，無論禫也。此素者何從見之？」「蘊」，《說文》云：「積也。」本作「薀」。《左傳》「薀崇」，解云：「積之低為薀，堆之高為崇。」「結」，《說文》云：「締也。」「蘊結」，謂積想繫思而不可解之意。「與子如一」者，言凡可遵先王之典禮而立於無過之地，皆欲與之為一，即同歸之意。但歸以事言，一以心言。輔廣云：「素衣、素冠，不祥之服也。常情之所厭見也。檜國之俗，不能行三年之喪，則不復見此既祥之衣冠矣。而當時賢者庶幾見之而不可得，則至於憂勞如此，是其心必有大不安者也。幸而得見之，則又為之愛慕，而欲與同歸為一焉，是又必有大慊於其心者也。此秉彝之心也。先王之制喪服，亦以是心而已，豈強民而為之哉？」方弘靜云：「三年之喪，其不盡行也久哉！《孟子》云：春秋未遠也，而滕之父兄憂曰：『吾宗國魯先君莫之行，吾先君亦莫之行。』明王不興，道德不一，風俗不同，喪親如禮者鮮矣。」又按：《禮記大全》云：「從祥至吉，凡服有六祥。祭朝服縞冠，一也。祥訖素縞麻衣，二也。禫祭玄冠黃裳，三也。禫訖朝服綅冠，四也。踰月吉祭玄冠朝服，五也。既祭玄端而居，六也。」

《素冠》三章，章三句。舊說皆以為慕見孝子之辭。朱得之深不謂然，以為此詩鑒羔裘之驕奢，冀得見勤儉勞苦之人也，悲傷其驕奢，欲同歸於勤苦，謂欲見行喪禮者，迂而鑿也。今按：素冠明是大祥之冠，素韠明是大祥祭服，棘人欒欒明是孝子毀瘠之狀，則舊說固未可廢。

# 逍遙

《逍遙》，本名《羔裘》，嫌與《鄭風》、《唐風》篇同摘用首句二字為別。**鄶大夫以道去其君也。國小而迫，鄶君不用道，好潔其衣服，逍遙遊燕，而不能自強於政治，故作是詩也**。出《序》。○《鄭語》：「史伯謂鄭桓公曰：『鄶仲恃險，有驕侈怠慢之心，而加之以貪冒。』」今按：《序》所云「潔其衣服，逍遙遊燕」，近於「驕侈怠慢」。非其有恃，必不至此。大夫知其國之將亡，而諫必不聽，故去之。

羔裘豐氏本作「求」。下同。逍《說文》作「消」。遙，蕭韻。《說文》作「搖」。狐裘以朝。蕭韻。豈不爾思？勞心忉忉。叶蕭韻，讀如凋，丁聊翻。○賦也。鄭玄云：「諸侯之朝服，緇衣羔裘。」「逍遙」，毛《傳》云：「遊燕也。」嚴粲云：「狐裘有白有青有黃。《玉藻》謂『君衣狐白裘，錦衣以裼之』，此狐白裘也。又云：『君子狐青裘豹褎，玄綃衣以裼之』，此狐青裘也。又云：『狐裘黃衣以裼之』，此狐黃裘也。鄭氏以狐白之上加皮弁服，天子以日視朝，諸侯在天子之朝亦服之。以黃衣狐裘為大蜡之後，作息民之祭則服之。〔註128〕『黃衣黃冠而祭，息田夫也。』引此為證，以狐青為臣下之服，諸侯不服之。《玉藻》稱『君子狐青裘』，《注》以君子為大夫士也。此詩狐裘不指何色。狐青為臣下之服，非檜君所服。檜君好潔其衣服，亦必不服狐黃。當從蘇轍之說以為狐白。然詩人之意，〔註129〕非以羔裘狐裘為大故，而以逍遙翱翔為可憂也。」陳祥道則謂「狐白裘為君之燕服，狐青裘為大夫士之燕服」。鄒忠胤云：「《少儀》曰：『衣服在躬而不知其名為罔。』蓋羔裘，法服也；狐裘，燕服也。羔裘何以為法服？《春秋繁露》曰：『羔有角而不用，如好仁者執之不鳴，殺之不號，類死義者。乳必跪而受，類知禮者。故羊之為言，猶祥也。』君純羔而臣以豹飾，在朝皆得服之。狐裘何以為燕服？《埤雅》曰：『狐性好疑，貉性好睡。又皆藏獸，不可以有為。故狐貉之厚以居，疑斯戒，睡斯安，取燕息之義。』今逍遙也，而以羔裘是法服，為嬉遊之具矣。視朝也而以狐裘，是臨御為褻媟之場矣。蘇子緣謂『錦衣狐裘，朝天子之服』，此本鄭氏臆說。按：《玉藻》但云『君衣狐白裘，錦衣以裼之』，安在其為朝天子？陳氏祥道不從之，是也。狐比羔為賤，故朝服用羔，燕服用狐。而檜君一切反其常，則凡敗度敗禮，恣情顛倒，何所不至？其叢詩人之勞心，豈獨以鮮衣故哉？」愚按：先言「逍遙」，後言「以朝」，則是以逍遙為急務而朝在所緩矣。但舉首句，已見其不能自強於政治，而裘服反常猶其後耳。《說文》無「忉」字，當作「怊」，云：「悲也。」《莊子》云「怊乎若嬰兒之失其母」是也。悲而不已，故重言之曰「忉忉」。嚴云：「檜君者當深思遠慮，孜孜汲汲，求所以為自強之計。今乃偷安歲月，坐而待亡。大夫諫而不聽，故去之。雖去國而不忘君，故言我豈不思爾乎？實思之而勞心忉忉也。」朱子

〔註128〕按：嚴粲《詩緝》卷十四此處原有「《郊特牲》云」。（第370頁）
〔註129〕按：此處係糅雜《詩緝》之說。以上出詩句之小注，「然詩人之意」下原作「不在此也」。「非以羔裘狐裘」兩句出自章後串講。

云：「孟子去齊，其心蓋如此云。」○**羔裘翱翔**，陽韻。**狐裘在堂**。陽韻。**豈不爾思？我心憂傷**。陽韻。○賦也。《說文》訓「翔」為「飛」，訓「翱」但云「翱翔也」，終未詳「翱」字之義。按：翱字左施皋，皋者，氣之進也。翱翔猶云高飛也。上章言「逍遙」，謂趨而至遠，即遠遊也。此章言「翱翔」，謂遊而不止，猶鳥之高飛而不下也。孔穎達云：「上言『以朝』，謂日出視朝。此云『在堂』，謂正寢之堂。人君日出視朝，乃退適路寢，以聽大夫所治之政。二者於禮同服羔裘。今檜君皆用狐裘，故二章各舉其一。」「憂」，通作「惪」，《說文》云：「愁也。」「傷」，《說文》云：「創也。」人遭創則痛。曰「憂傷」者，臣之於君，榮辱一體，休戚相關，見君之所行如此，而自傷無如之何，故不徒憂之而又痛之。○**羔裘如膏**，叶號韻，居號翻。**日出有曜**。叶號韻，於號翻。**豈不爾思？中心是悼**。號韻。○賦也。《韻會》云：「以脂膏潤物曰膏。」孔云：「此言裘色潤澤如脂膏。」嚴云：「凡人憂勞戒懼，則不暇鮮其衣。禹惡衣，文王卑服，衛文大布之衣是也。今檜君衣服鮮明如此，其志慮凡近可見矣。」《說文》無「曜」字，當作「燿〔註130〕」，云：「照也。」陸佃云：「言日出有曜，然後見其如膏。且亦聽朝之時也，而反以燕遊。又與『狐裘以朝』、『狐裘在堂』異矣。故是詩後之也。」愚按：此「如膏」，正於遊燕之時見之。上言「以朝」，次言「在堂」，則遊燕之後尚有視朝適寢之時。今並其「以朝」、「在堂」者，而亦無之，則自辨色而起，以至竟日皆遊燕也。「悼」，《說文》云：「懼也。陳、楚謂懼曰悼。」又，毛云：「動也。」蓋謂心神震動，亦懼意也。首言「勞心忉忉」，悲其君之失道也。繼言「我心憂傷」，痛己之不能匡救也。此言「中心是悼」，則懼其國終不可保矣。

《逍遙》三章，章四句。《子貢傳》闕文。《申培說》云：「檜君不能自強於政治，國人憂之而作。」今玩詩意，是大夫去國之語，從《序》為長。又，王符《潛夫論》云：「會在河雒之間，其君驕貪嗇儉，滅爵損祿，群〔註131〕臣卑讓，上下不臨，詩人憂之，故作《羔裘》，閔其痛悼也。會仲不悟，重氏伐之，上下不能相使，遂以亡。」愚按：《逸周書‧史記解》亦云：「昔有鄶君嗇儉，滅爵損祿，群臣卑讓，上下不臨，禁罰不行，重氏伐之，鄶君以亡。」與

---

〔註130〕按：《說文解字‧燿》：「照也。從火翟聲。弋笑切。」此處「懼」疑為「燿」之誤。

〔註131〕「群」，底本作「君」，據四庫本、《潛夫論‧志氏姓第三十五》改。

潛夫之語相合。然《史記解》乃周穆王所作，以命左史戎夫者。其非詩之鄶國明甚。及考《竹書》，載帝嚳十六年，使重帥師滅有鄶，則《史記》所述鄶亡，政帝嚳時事，而王符乃取以解此詩，何其罔也！

# 丘中有麻

《丘中有麻》，刺鄭桓公也。桓公處於留，與鄶君夫人叔妘通焉。詩人託為叔妘之辭以醜之。《春秋公羊傳》云：「古者鄭國處於留，先鄭伯有善於鄶公者，通乎夫人，以取其國，而遷鄭焉，而野留。」今按：《鄭語》，幽王八年，「桓公為司徒。問於史伯曰：『王室多故，余懼及焉。其何所可以逃死？』史伯對曰：『其濟雒河潁之間乎？是其子男之國，虢、鄶為大。虢叔恃勢，鄶仲恃險，是皆有驕侈怠慢之心，而加之以貪冒。君若以周難之故，寄孥與賄焉，不敢不許。周亂而弊，是驕而貪，必將背君。君若以成周之眾奉辭伐罪，無不克矣。若克二邑，鄔、蔽、補、丹、依、疇、歷、莘，君之土也。若前莘後河，右雒左濟，主芣騩而食溱洧，修典刑以守之，惟是可以少固。』」又，《周語》：「富辰曰：『昔鄢之亡也繇仲任，密須繇伯姞，鄶繇叔妘，聃繇鄭姬，息繇鄭嬀，是皆外利離親者也。』」參觀此兩說，鄭伯以寄孥於鄶，故得與叔妘通，而叔妘以行淫辟求利於外，故富辰謂之「外利」。《鄶風·萇楚》之刺，繇斯而作，是則《公羊》之言不為無據矣。此詩篇次本在《王風》之末，以鄭桓公初封國在畿內，然亦以其為鄭事，故與《鄭風》之卷相連。朱子能知舊說之非，直謂「婦人望其所與私者而不來」賦此，其於詩意固自吻合，而特不知其為誰而作，惜無以《公羊傳》之言告之者。又按：《竹書》紀幽王二年，晉文侯同王子多父伐鄶，克之，乃居鄭父之丘，是為鄭桓公。而班固《地理志》則云：「桓公死，其子武公與平王東遷，卒取史伯所云十邑之地，食溱洧焉。」韋昭亦引唐尚書云：「鄶，鄭武公滅之。」似與《竹書》異者。蓋幽王二年，第伐鄶，克之而已，未滅其國。至平王六年，《竹書始》記鄭遷於溱洧，斯則鄶國已滅，正當武公之時。可知寄孥賄、通叔妘為桓公之事，而滅鄶者乃武公也。

丘中有麻，韻。亦叶歌韻，謨婆翻。彼留子嗟。麻韻。亦叶歌韻，曹哥翻。彼留子嗟，見上。將其來施施。叶麻韻，時嗟翻。亦叶歌韻，疏何翻。顏之推《家訓》云：「毛《傳》、鄭《箋》、《韓詩》重為『施施』，河北《毛詩》

皆云『施施』，江南舊本悉單為『施』。俗遂是之，恐有少誤。」○興也。「丘」，《說文》云：「土之高也。」「麻」、「麥」皆五穀之一。麻、枲同類。無實曰枲，有實曰麻。《本草》云：「麻，一名麻勃，此麻上花勃勃者。麻子味甘平，無毒，園圃所蒔，即今人所作布者。」《春秋說題辭》云：「麻之為言微也，陰精寢密，女作纖微也。」宋均云：「麻三變。生成形，一變也。漚取皮，二變也。積成為縷，三變也。」愚按：麻有三變，詩之取興，蓋疑桓公之多變態，猶之麻也。「留」，地名。《路史》云：「留國，陶唐氏之後。妘姓。」愚按：留後入於鄭，或先為王所滅，而以之封鄭，或鄭自取之，莫能詳也。孟康云：「留，鄭邑，後為陳所併，故曰陳留。」「留子」，指鄭伯也。隱其國爵而以留子呼之，蓋自醜其行而忌諱之意，亦猶《氓》篇之婦人呼夫為復關也。「嗟」，《說文》云：「諮也。」甫呼留子而嗟歎之辭，即與之俱傷其不得見也。「將」，猶言方且也。曰「將其」者，望之也。「施」，《說文》云：「旗貌。」徐鍇云：「旗之逶迤也。」象其來時行動逶迤之狀曰「施施」也。言安得彼逶迤而來以慰我之望乎？又按：麻皮漚之甚長，故以興「施施」。○**丘中有麥**，叶職韻，紇力翻。**彼留子國**。職韻。**彼留子國**，見上。**將其來食**。職韻。○興也。「麻」、「麥」互相為候。麥黃種麻，麻黃種麥，蓋皆同時所有，故即所見以起興。羅願云：「麥者，接絕續乏之穀。夏之時，舊穀已絕，新穀未登，民於此時乏食，而麥最先熟。」愚按：興意疑桓公之有他遇，亦如麥之可以接絕續乏，故不來也。「彼留子國」者，指鄭伯所居之國，即留是也。「來食」，朱子云：「就我而食也。」麥可養人，故以興來食。○**丘中有李**，紙韻。**彼留之子**。紙韻。**彼留之子**，見上。**貽我佩玖**。叶紙韻，苟起翻。○興也。李字從木子，蓋有二義。羅願謂「李，木之多子者」。陸佃則云：「李、韭皆酸。李，東方之果，木子也。」二〔註132〕義皆通。羅說為正。《詩》曰：「何彼襛矣，華如桃李。」興意。蓋疑桓公別有所遇，悅他人顏色之美，而忘己也。又，陸云：「李性頗難老。老雖枝枯，子亦不細。」然則言李，又正以自況耳。「貽」，《說文》云：「贈遺也。」「佩」，雜佩也。劉熙云：「陪也。」言其非一物，有陪貳也。「玖」，《說文》云：「玉之黑色者。」趙頤光云：「玖從玉從久，意兼聲。玉久土侵，白光似石，故從久也。」之子曩曾貽我以佩玖，蓋取堅久不渝之意，豈其一旦而遂棄我乎？

---

〔註132〕「二」，四庫本誤作「三」。

《丘中有麻》三章，章四句。《子貢傳》、豐氏本篇名俱作《丘中》。
○《序》云：「思賢也。莊王不明，賢人放逐，國人思之而作是詩也。」《子貢傳》亦云：「留子賢而退隱，周人慕之。」蓋剽襲《序》說云爾。毛《傳》遂以子嗟、子國為二賢之字，又以子國為子嗟父，絕無稽據，殆不足信。毛又以丘中有麻、麥、草、木，乃留氏子之所治。而陸佃為之說曰：「麻以衣之，麥以食之，又有李焉，且皆丘中植之，則留子之政修矣，此人之所以思之。《法言》曰：『男子畝，婦人桑之謂思。』呂子曰：『子產相鄭，桃李之垂於街者，莫之援也。』然則丘中有李，又能使人不盜也。」愚按：似此說詩，絕不識比興之趣，固亦甚矣。《申培說》闕。

# 隰有萇楚

《隰有萇楚》，疾恣也。出《序》。鄶君之夫人與鄭伯通，鄶君弗禁，國人疾之。「鄶」，詩作「檜」。鄶君，字仲。《序》云：「國人疾檜君之淫恣，而思無情慾者也。」愚按：詩言樂無家無室，是兼刺夫人，不專刺鄶君也。夫人名叔妘，通於鄭伯，事見《丘中有麻》篇。韋昭云：「鄶，妘姓之國。叔妘，同姓之女，為鄶夫人。」

隰有萇《爾雅》作「長」。楚，猗儺其枝。支韻。夭之沃沃，樂音絡。後同。子之無知。支韻。○興也。下濕曰隰。「萇楚」，艸名。《爾雅》云：「銚芅也。」一作銚弋。《廣雅》以為鬼桃。《本草》以為羊腸。《通志》以為御弋。郭璞云：「今羊桃也，葉似桃葉，白子，如小麥，亦似桃。」而陸璣則云：「葉長而狹，葉紫赤色，其枝莖弱，過一尺，引蔓於艸上。」或云：一名葉楚，生平澤中，子細如棗核，苗弱不能為樹。《蜀本圖經》云：「今人呼為細子，根似牡丹。」「猗」，通作「倚」，依也。「儺」，通作「那」。「那」，又通作「姍」，《說文》云：「弱長貌。」「夭」，通作「枖」。徐鍇云：「謂艸木始生，未幾得地力而速大也。」「沃」，《說文》云：「溉灌也。」曰「沃沃」者，潤澤之意。「其葉沃若」是也。「子」，朱子云：「指萇楚也。」呼萇楚為子，猶今人對物而言，皆稱爾也。萇楚條弱，不能自立，過尺則引蔓於草上，其枝有所倚著而嫋娜下垂，但見其沃沃然發榮滋長，在萇楚若有以自樂矣。然亦惟萇楚無知之物，故可以隨處蔓引而不擇地。若人含五常之性，各有配偶，男有室，女有家，無相瀆也，謂之有禮，而可以不顧廉恥，漫然相附麗

為哉？此即言檜夫人通乎鄭伯之事，而檜君不禁，故借萇楚反言以志刺，其語意恍然。胡安國云：「男女，人之大欲存焉。欲生於色，而縱於淫色出於性目之所視有同美焉不可掩也。淫出於氣，不持其志。則放僻趨蹶，無不為矣。夫以志徇氣，肆行欲而不能為之帥，至於棄其家國而不顧，此天下之大戒也。」○**隰有萇楚，猗儺**「猗儺」，《楚辭章句》作「旖旎」。**其華。**麻韻。**夭之沃沃，樂子之無家。**麻韻。○興也。上言「無知」，合君與夫人並刺之。此下二章則析言之也。「樂子之無家」，刺夫人也。女以男為家。○**隰有萇楚，猗儺其實。**質韻。**夭之沃沃，樂子之無室。**質韻。○興也。先言「枝」，次言「華」，後言「實」，乃立言之序。又，陸佃云：「有一種羊桃，華實皆連理，故詩以刺淫恣。」「樂子之無室」，刺檜君也。男以女為室，檜君不能有其室也。華之敷在外，故以興家。實之含在內，故以興室。鄧元錫云：「人生而有知，其願有室家者，人之道也。以從淫，不如無之為愈也。深痛至矣。」

　　《隰有萇楚》三章，章四句。《子貢傳》、《申培說》、豐氏〔註133〕本篇名俱作《萇楚》。○《子貢傳》、《申培說》皆以為「檜人困於賦役而作」，朱子解亦然。愚初亦從其說，因為之義曰：萇楚不能自立，必引蔓於草上，以興民必附君以有生。而今乃憔悴於虐政，曾不如無知之萇楚，猶得榮茂於光天化日之下也。此以解首章，亦近之。特以後兩章有室家之語，明是為男女之事而發，故定從《序》焉。


# 菀柳

《菀柳》，刺幽王也。出《序》。**侮慢諸侯，數徵會之，而無信義焉。**愚按：《采菽》之序有云：「幽王侮慢諸侯，諸侯來朝，不能錫命以禮，數徵會之而無信義。」即移為是詩之本序可。《史記》云：「褒姒不好笑，幽王欲其笑萬方，故不笑。幽王為烽燧大鼓，有寇至，則舉烽火。諸侯悉至，至而無寇，褒姒乃大笑。幽王說之，為數舉烽火。其後不信，諸侯益亦不至。」《呂氏春秋》亦云：「周宅酆、鎬，近戎人，與諸侯約，為高葆，禱於王路，置鼓其上，遠近相聞。即戎寇至，傳鼓相告，諸侯之兵皆至，救天子。戎寇當至，幽王擊鼓，諸侯之兵皆至，褒姒大悅喜之。幽王欲褒姒之笑也，因素擊鼓，諸侯之兵

〔註133〕「氏」，四庫本誤作「字」。

數至而無寇。至於後戎寇真至，幽王身之乃死於驪山之下，為天下笑。」是詩所刺，蓋在舉烽悉至而無寇時也。

**有菀者柳，不尚息**職韻。**焉。上帝甚蹈，**鄭玄本作「悼」。**無**豐氏本作「毋」。後同。**自昵**叶職韻，質力翻。**焉。俾**陸德明本作「卑」。後同。**予靖之，後予極**職韻。**焉。**興也。「菀」，毛《傳》云：「茂木也。」《國語》：「優施歌曰：『暇豫之吾吾，不如鳥烏。人皆集於菀，己獨集於枯。』」即此菀也。「柳」，《說文》云：「小楊也。」郝敬云：「楊之垂者曰柳，柔脆之木也。桑車亦曰柳，日西亦曰柳，昧谷謂之柳谷，蓋頹敗喪亡之比。」「不」者，疑辭。「尚」，鄭玄曰：「庶幾也。」「息」，本喘息，人以一呼一吸為一息，故有止義。言此菀然森茂之柳，雖其枝葉低垂，不庶幾為行路之人所就之止息焉。以興王室將卑，未卜此後天下尚肯宗周否也？「上帝」，指天。觀《國策引》此句作「上天」可見。「蹈」，毛云：「動也。」按：動足踐履為蹈，故有動義。「無」，通作「毋」，禁止辭。「昵」，《說文》云：「日近也。」徐鍇云：「日日相近也。」亦作「昵」，訓為「黏」。《考工記》「凡昵之類，不能方」是也。此指王嬖褒姒言。言天意甚變動，其去留將不可測，王毋徒自快意，而日與褒姒相親昵也。「俾」，使也。「靖」，安也。解見《小明》篇。「極」、「劇」同音，古皆以為勞倦之意。晉人所謂「小極」，《史記·屈原傳》所謂「勞苦倦極」是也。言王舉烽伐鼓，將使我會兵京師，以安靖禍亂矣，而後乃不然，乃徒以欲悅褒姒之故，假稱有寇，使我疲於道路也。○**有菀者柳，不尚愒**霽韻。**焉。上帝**《戰國策》作「天」。**甚蹈，**《戰國策》作「神」。《韓詩外傳》作「慆」。**無自瘵**叶霽韻，子例翻。**焉。**《戰國策》作「也」。**俾予靖之，後予邁**叶霽韻，力制翻。**焉。**興也。「愒」，毛《傳》、《說文》皆云：「息也。」徐云：「猶憩也。」「瘵」，毛《傳》、《說文》皆云：「病也。」郭璞云：「今江東呼病曰瘵。」上帝甚變動，其意將有所轉移，王毋以昵於內嬖之故而卒至於自病也。《韓詩外傳》載荀卿為賦謝春申君曰：「璿玉瑤珠不知佩，雜布與錦不知異，閭娵子都莫之媒，嫫母力父是之喜。以盲為明，以聾為聰，以是為非，以吉為凶。嗚呼！上天曷維其同？《詩》曰：『上帝甚慆，無自瘵焉。』」《戰國策》略同。「邁」，《說文》云：「遠行也。」言將使我安靖寇亂，既至之後，乃徒使我空歸而遠行也。○**有鳥高飛，亦傅于天。**光韻。亦叶真韻，汀因翻。**彼人之心，于何其臻。**真韻。亦叶先韻，則然翻。**曷予靖之，居以凶矜。**叶真韻，渠巾翻。亦叶先韻，姑元翻。○興而比也。「鳥」，譬褒姒也。

「傅」，通作「附」，取附麗之義，故毛《傳》以為「至」，《周禮注》以為「近也」。「天」，譬王也。「彼人」，亦斥褒姒也。「臻」，毛《傳》、《說文》皆云：「至也。」褒姒，一下國之賤女，而獲寵於王，至奪嫡為后，譬如鳥之高飛，亦既附麗於天矣，然猶不知厭足。所以蠱惑王者，日新無已，不識彼人之心將於何底止乎？《左傳》云：「女德無極」，此之謂也。「曷」，《說文》云：「何也。」怪歎之辭。「矜」，通作「兢」，毛《傳》云：「危也。」按：戰戰兢兢，乃危意也。時方無寇，何故舉烽為戲，使我來靖亂乎？信義不立，其何以令？徒自居於凶危之地而已。厥後申侯與繒、西戎、犬戎攻幽王，幽王舉烽火徵兵，兵莫至，遂殺幽王驪山下，虜褒姒，盡取周賂而去。「居以凶矜」之言，於斯驗矣。《呂氏春秋》云：「褒姒之敗，乃令幽王好小說以致大滅，故形骸相離，三公九卿出走。此褒姒之所用死而平王所以東徙也。」

《菀柳》三章，章六句。《序》云：「刺幽王也。暴虐無親，而刑罰不中，諸侯皆不欲朝，言王者之不可朝事也。」《子貢傳》云：「厲王不禮於諸侯，諸侯相戒以避之。」《申培說》云：「厲王暴虐，諸侯相戒而作。」朱子亦主「暴虐不朝」之說，而不顯其世。夫君臣大義，無所逃於天地之間，王雖不道，而臣子朝貢之禮豈可以不修？果如舊說，諸侯相戒，不欲朝王，乃悖理傷教之甚者，夫子豈肯錄之乎？

# 巧言

《巧言》，大夫傷讒也。周幽王惑於讒，既立伯服，逐宜臼，復與諸侯為太室之盟，將謀伐申，以求宜臼而殺之。大夫憂喪亂之將至而作此詩。《序》云：「刺幽王也。大夫傷於讒，故作是詩也。」愚按：《竹書》，幽王十年春，王及諸侯盟於太室。秋九月，王師伐申。《左傳》椒舉亦云：「周幽王為太室之盟，戎狄叛之。」據此篇有「君子屢盟」之語，則此詩必於盟太室後作也。何以盟太室？謀伐申也。何以謀伐申？時宜臼奔於申，將求而殺之也。誰為此謀者乎？虢石父也。其事始末，在《國語》言之最詳，與此詩相印合，備錄於此。《晉語》：「史蘇謂獻公曰：『周幽王伐有褒，有褒人以褒姒女焉。褒姒有寵，生伯服，於是乎與虢石甫比，而立伯服。太子出奔申。申人、繒人召西戎以伐周，周於是乎亡。』」《鄭語》：「史伯謂桓公曰：『夫虢石甫，讒諂巧從之人也。而立以為卿士，與剸同也。棄聘后而立內妾，好窮固也。侏儒戚施，實御在側，近頑童也。周法不昭，而婦人是行，用讒慝

也。不建立卿士,而妖試幸措,行暗昧也。是物也,不可以久。申、繒、西戎
方強,王室方騷,將以縱慾,不亦難乎?王欲殺太子,以成伯服,必求之申。
申人弗界,必伐之。若伐申,而繒與西戎會以伐周,周不守矣。繒與西戎方將
德申,申、呂方彊,其陰受太子,亦必可知也。王師若在,其救之亦必然矣。
王心怒矣,虢公從矣。凡周存亡,不三稔矣。』」此詩所指「僭始既涵」,正斥
褒姒也;所指為讒、為盜、為巧言,皆斥石父也;曰「既微且尰」,則石父之
徒,所謂「侏儒戚〔註134〕施,實御在側」者也;曰「爾勇伊何」、「爾居徒幾
何」,則斥其同謀伐申之事也;曰「躍躍毚兔,遇犬獲之」,則豫策周之必亡於
申也。然亂之長,亂之暴,亂之餤,總之石父之讒階之。《序》謂「大夫傷於
讒」,猶云所痛傷者在於讒人耳,非謂大夫身自遭讒也。舊解俱謬。

**悠悠昊天,曰父母且。**叶虞韻,叢租翻。**無罪無辜,**虞韻。**亂如此憮。**
叶虞韻,荒烏翻。《石經》、《爾雅》俱作「幠」。**昊天已威,**叶賄韻,讀如猥,
鄔賄翻。**予慎無罪。**賄韻。**昊天大**《韓詩外傳》引此同。陸德明本、朱《傳》、
蘇《傳》、《讀詩記》、《詩緝》俱作「泰」。《新序》作「太」。**憮,**見上。**予慎**
**無辜。**見上。○賦也。「悠」,《說文》云:「憂也。」《爾雅》云:「思也。」
悠而又悠者,憂思之極,故呼昊天而訴之也。「昊天」,解見《雨無正》篇。天
之於人,若父母然,親之之辭也。「且」,語助也。「無罪無辜」,汎指下民。
「憮」,通作「幠」,覆也。昊天為民父母,今乃使無罪無辜之民橫遭禍亂之
及,如此乎其無不籠罩也。此以未然言,逆料其勢必至是也。「已」,止。「威」,
虐也。「予」,詩人自謂也。「慎」,謹也。「大」,如字。詩人見天下大亂,己將
與人俱不免,故又呼天而祝之曰:昊天庶幾其止此威虐乎?若予平日兢兢自
審,未嘗有亂國之事,固無罪也。昊天庶幾其大加覆庇乎?若予平日兢兢自
審,未嘗有亂國之事,固無辜也。夫亂階於一人,而禍延於眾人,使無罪無辜
同歸於盡,生斯世乎,何不幸若此!詩人灼見周之必亡,故先作危懼之語以
發端。鄭桓公所謂「王室多故,余懼及焉。其何所可以逃死」,即此意。○**亂**
**之初生,僭**《讀詩記》作「譖」。**始既涵。**叶咸韻,胡讒翻。《韓詩》作「減」。
**亂之又生,君子信讒。**咸韻。**君子如怒,**叶麌韻,暖五翻。顏師古《糾
繆正俗》云:「自古讀怒有上、去二音。今山東、河北但知〔註135〕怒有去聲,

〔註134〕「戚」,底本、四庫本作「感」,據上文《鄭語》改。
〔註135〕「知」,底本誤作「如」,據四庫本改。

失其真也。」**亂庶遄沮**。叶麌韻，讀如組，總古翻。**君子如祉**，紙韻。**亂庶遄已**。紙韻。○興也。「僭」，《說文》云：「假也。」徐鉉云：「按：《左傳》：『惟名與器，不可以假人』，是僭也。」「涵」，毛云：「容也。」此言褒姒不安嬪妾之分，當其初興奪嫡之謀，幽王惟欲順適其意，輒涵容之，此亂之所自生也。「君子」，以位言，謂天子也。不忍斥言王，故但言君子，若汎指者然。「讒」，指虢石父也。石父讒佞，與褒姒為比，幽王信之，於是乎申后廢，太子宜臼逐，此亂之所以又生也。然則幽王蓋身自開亂，而石父其成之者也。「君子如怒」以下四句，規王之辭。「庶」，庶幾也。「遄」，《爾雅》云：「疾也。」「沮」，通作「阻」，遏也。「祉」，福。「已」，止也。「如怒」，反信讒而言。「如祉」，反涵僭而言。讒而信之，則有怒其所不當怒者矣。君子如有所加譴怒於人，必其庶幾可以疾速遏亂者。怒一人而人知懲，然後怒之。若惑於讒而妄怒焉，烏可也？僭而涵之，則有祉其所不當祉者矣。君子如有所施福澤於人，必其庶幾可以疾速止亂者。福一人而人知勸，然後福之。若溺於僭而妄祉焉，烏可也？傷幽王之不然，所以致亂。馮時可云：「人主之好惡喜怒，乃天之暖清寒暑也。當暑而寒，當寒而暑，物受其災。當怒而喜，當喜而怒，民逢其亂。是故人主大守，在於謹藏而深禁怒。四時之未嘗過，則胡不底於理？」按：《左‧昭〔註136〕十七年》：「范武子將老，召文子曰：『燮乎！吾聞之，喜怒以類者鮮，易者實多。《詩》曰：君子如怒，亂庶遄沮。君子如祉，亂庶遄已。君子之喜怒，以已亂也。』」正此詩義疏。又，文二年，「秦孟明帥師伐晉，以報殽之役。晉獻公以狼瞫為右。箕之役，先軫黜之。瞫怒其友曰：『盍死之？』瞫曰：『《周志》有之：勇則害上，不登於明堂。死而不義，非勇也。』及彭衙，既陳，以其屬馳秦師，死焉。晉師從之，大敗秦師。君子謂狼瞫於是乎君子。《詩》曰：『君子如怒，亂庶遄沮。』怒不作亂，而以從師，可謂君子矣！」昭三年，「齊景公繁於刑，有鬻踊者。公問晏子曰：『子之宅近市，識貴賤乎？』對曰：『踊貴屨賤。』景公為是省於刑。君子曰：『仁人之言，其利溥哉！晏子一言，而齊侯省刑。《詩》曰：君子如祉，亂庶遄已。其是之謂乎！』」皆藉詞立義。○**君子屢盟**，叶陽韻，謨郎翻。**亂是用長**。陽韻。**君子信盜**，號韻。**亂是用暴**。號韻。**盜言孔甘**，覃韻。**亂是用餤**。叶覃韻，徒甘翻。**匪其止共**，叶冬韻，居容翻。《韓詩外傳》、陸本俱

---

〔註136〕按：據《左傳》，「昭」當作「宣」。

作「恭」。陸又云：「一作『供』。」**維**《禮記》、《說苑》、《家語》、《外傳》作「惟」。**王之邛**。冬韻。〇賦也。「屢」，古文作「婁」，數也。《爾雅》云：「疾也，亟也。」義同。「盟」，朱子云：「殺牲歃血告神，以相要束也。」字從明在血上，會意。明者，明神也。《周禮·司盟》職云：「凡邦國有疑會、同，則掌其盟約之載及其禮儀，北面詔明神。」鄭玄云：「時見曰會，殷見曰同。非此時而盟謂之數。盟之所以數者，緣世衰亂，多相背違也。」愚按：此正指王及諸侯盟於太室之事。《史記》載「褒姒不好笑，幽王欲其笑萬方，故不笑。幽王為烽燧大鼓，有寇至，則舉烽火，諸侯悉至。至而無寇，褒姒乃大笑。幽王悅之，為數舉燧火，其後不信，諸侯蓋〔註137〕亦不至」。此時王亦覺諸侯離心，故不得已為盟以要之。曰「屢盟」，則前此蓋不一盟矣。「長」，如字。無所以聯諸侯之心，而徒乞靈於盟，盟可燀，亦可寒也，此亂之所以未已也。《荀子》云：「不足於信者誠言，故《春秋》善『胥命』〔註138〕而《詩》非『屢盟』，其心一也。」王符云：「大人之道，周而不比，微言相感，掩若同符，又焉用盟？」《左·桓十二年》：「公欲平宋、鄭。冬，又會於龜。宋公辭平，故與鄭伯會於武父，遂帥師伐宋而戰焉。宋無信故也。君子曰：『苟信不繼，盟無益也。《詩》曰：君子屢盟，亂是用長。無信也。』」襄二十九年，「鄭大夫盟於伯有氏。裨諶曰：『是盟也，其與幾何？《詩》曰：君子屢盟，亂是用長。今是長亂之道也，禍未歇也。』」「盜」，亦指石父也。《公羊傳》云：「賤者窮諸盜。」孔穎達云：「窮者，盡也。小人賤者盡諸盜，知盜是惡名，故引以證盜為小人也。」盜晝伏夜行，石父投間伺隙，為讒言以中王，其狀亦如穿窬之盜然，故以盜目之。「暴」，通作「虣」，《說文》云：「疾有所趣也。」王惟信石父不已，故亂之來甚疾也。按：《史記》稱「王以虢石父為卿用事，國人皆怨。」夫曰國人怨，則諸侯之怨可推。使王不信石父，亦無事屢盟為矣。「孔」，甚。「甘」，美也。小人之言，先務諛說其君，甘言卑辭以入之，使人君聽之不倦，如嗜美物而不厭也。「餤」，本作「啖」，《說文》云：「食也。」《趙世家》云「故以齊餤天下」是也。「亂是用餤」，言王以身受亂，如人之食物也。亦與「甘」字相應。《禮·表記》篇：「子曰：『君子之接如水，小人之

〔註137〕「蓋」，四庫本同，《史記·周本紀第四》作「益」。按：同卷前之《菀柳》亦引《史記》，正作「益」。

〔註138〕《春秋·桓公三年》：「夏，齊侯、衛侯胥命於蒲。」杜預《注》：「胥命者，諸侯相見，約言而不歃血。」

接如醴。君子淡以成，小人甘以壞。《小雅》曰：盜言孔甘，亂是用餤。』」「止」，以心言。「共」，通作「恭」，敬也。「邛」，通作「窮」，困也。聽小人孔甘之言，斌媚曲謹，似甚恭敬君者，而其心實不然，非能安止於恭者也，不過欲藉此售其奸利，徒足蠱惑王心而使王受其困耳。《禮·緇衣》篇：「子曰：『下難知則君長勞。臣儀行，不重辭，不援其所不及，不煩其所不知，則君不勞矣。《小雅》曰：匪其止共，惟王之邛。」《家語》、《說苑》云：「魯哀公問政於孔子。孔子曰：『政在於諭臣。』子貢問曰：『政有異乎？』孔子曰：『哀公有臣三人。內比周公，以惑其君。外障距諸侯賓客，以蔽其明。故曰政在諭臣。《詩》不云乎？匪其止共，惟王之邛。此傷姦臣蔽主以為亂者也。』」《韓詩外傳》云：「哀公問取人。孔子曰：『無取健，無取佞，無取口讒。健，驕也。佞，諂也。讒，誕也。故弓調然後求勁焉，馬服然後求良焉，士信愨而後求知焉。士不信焉，又多知，譬之豺與，其難以身近也。《周書》曰：為虎傅翼也。不亦殆乎？《詩》曰：匪其止恭，惟王之邛。言其不恭其職事而病其主也。』」又云：「有大忠者，有次忠者，有下忠者，有國賊者。不恤乎公道之大義，偷合苟同，以持祿養者，是謂國賊也。《詩》曰：『匪其止共，惟王之邛。』」○**奕奕寢廟，君子作**藥韻。**之。秩秩**《說文》作「戠戠」。**大猷，**《漢書注》作「繇」。**聖人莫**藥韻。陸本作「漠」。《漢書注》作「謨」。**之。他**豐本作「它」。**人有心，予**《史記》作「余」。**忖**陸本作「寸」。**度**叶藥韻，達各翻。亦叶陌韻，直格翻。**之。躍躍**《史記》、《韓詩》、豐本俱作「趯趯」。**毚兔，遇犬獲**陌韻。亦叶藥韻，黃郭翻。**之。**《史記》引此「趯趯毚兔」二句在「他人有心」二句之前。○賦而比也。「奕」，《說文》云：「大也。」兼寢廟而言，故重曰「奕奕」。「寢廟」，即太室也。《書·雒誥》云：「王入太室祼。」《疏》云：「清廟有五室。中央曰太室。」《周禮注》云：「前曰廟，後曰寢。」方氏云：「既曰寢，又曰廟，何也？蓋王者之於祖宗，以人道事之則有寢，以神道事之則有廟。」《後漢·祭祀志》云：「古宗廟，前制廟，後制寢，以象人之居，前有廟，後有寢也。《月令》有『先薦寢廟』，《詩》稱『寢廟奕奕』，言相通也。廟以藏主。以四時祭寢有衣冠几杖象生之具，以薦新物。秦始出寢，起於墓側。漢因而弗改，故陵上稱寢殿。起居衣服象生人之具，古寢之意也。」陳祥道云：「春秋之時，子太叔之廟在道南，其寢在道北，此古者前廟後寢之遺制也。」此「君子」，謂天子也。「作」，造也，即「奚斯所作」之「作」。按：

《曲禮注》曰：「諸侯春見曰朝，受摯於朝，受享於廟。秋見曰覲，一受之於廟。朝者，位於內朝而序進。覲者，位於廟門外而序入。王南面立於依宁而受焉。夏宗依春，冬遇依秋。」《左傳》：「叔向云：『明王之制，使諸侯歲聘以職業，間朝以講禮，再朝而會以示威，再會而盟以顯昭明。』」所謂「再會而盟」者，十二年王一巡守，盟於方岳之下也。是則王之立宗廟，所以待諸侯之朝覲宗遇，非為盟而設。又，盟之事，惟時巡與會同有之。今幽王與諸侯盟於太室，失禮甚矣。「秩」，《說文》云：「積也。」字從禾。徐鉉云：「有敘之貌。」「猷」，猶「同」字，謀慮也。謀之有關於朝常國典世道人心者，謂之大猷。「聖人」，以廟中之聖人言，文、武是也。「莫」，通作「謨」。徐鉉云：「汎議將定其謀曰謨。」大猷之定，皆擬議自聖人，如《周禮》、《儀禮》之類，各有次序，不可移易。繼世而為天子者，必本祖宗所定之大猷以出治，然後可以仰對宗廟而無愧。今幽王於君臣、父子、夫婦之間，舉失其道，至如伯服、石父之輩，亦皆於兄弟、朋友有慚德焉，則天與我民彝大泯亂而負此尊位多矣。「他人」，指申侯也。對他人言稱「予」，欲幽王之自審也。「忖度」二字互相解，皆取量度長短之義。時石父與王謀者，非大猷是經，惟以伐申求太子為事，豈知申侯必有所以處此。當宜臼奔申之後，太室未盟之先，《竹書》所紀申侯聘西戎及鄫事正在幽王九年，其心已叵測矣，奈何徒見己而不見彼乎？董仲舒云：「物莫無鄰，察視其外，可以見其內也。」東郭先生云：「目者，心之符也。言之者，行之指也。夫知者之於人也，未嘗求知而後能之也。觀容貌，察氣志，定取捨，而人情畢矣。」齊宣王謂孟子曰：「夫我乃行之，反而求之，不得吾心。夫子言之，於我心有戚戚焉。」凡此皆明於忖度之術者也。「躍」，《說文》云：「迅也。」或作「趯」，踴也。「毚」，《說文》云：「兔之駿也。」《蒼頡解詁》云：「大兔也。大兔必狡猾，又謂之狡兔。」《格物論》云：「兔，鼠形，尾匾彎短，大如貓，毛色褐，耳大而銳且卓，口缺，長鬚，趫捷善走。㕙，其狡者。毚，又其大也。」有毚又有兔，故重言「躍躍」。則石父與其徒黨之比，皆同謀伐申者也。「犬」，比申、繒、犬戎。獵所得曰獲。毚兔雖善騰躍，適與田犬遇，或又為所獲，深危之之辭也。其後申人、繒人及犬戎入宗周，弒王及鄭桓公。犬戎殺王子伯服，執褒姒以歸。詩人之言，於是乎始驗。《史記》：「秦令伯起與韓、魏共伐楚。楚使黃歇適至於秦，乃上書說秦昭王曰：『昔智氏見伐趙之利，而不知榆次之禍；吳見伐齊之便，而不知干隧之

敗。此二國者,非無大功也,沒利於前而易患於後也。吳之信越也,從而伐齊。既勝齊人於艾陵,還為越王禽三渚之浦。智氏之信韓、魏也,從而伐趙。攻晉陽城,勝有日矣,韓、魏叛之,殺智伯瑤於鑿臺之下。今王妒楚之不毀也,而忘毀楚之疆韓、魏也。臣為王慮而不取也。《詩》曰:大武遠宅而不涉。從此觀之,楚國援也,鄰國敵也。《詩》云:趯趯毚兔,遇犬獲之。他人有心,予忖度之。今王中道而信韓、魏之善王也,此正吳之信越也。』按:歆所援引,可借為此詩義疏。○荏染柔木,君子樹叶囊韻,上主翻。之。往來行言,心焉數囊韻。之。蛇以支翻。下同。蛇碩言,出自口有韻。矣。巧言如簧,顏之厚有韻。矣。比而賦也。「荏」,「色厲而內荏」之「荏」。愚按:宜通作「恁」,《說文》云:「下齎也。」言心所齎者卑下,故借為柔弱之意。「染」,通作「姌」,《說文》云:「弱長貌。」「柔木」,朱子云:「桐梓之屬,可用者也。」「樹」,植也。荏染然之柔木,良材也。君子當封殖之,俾無牛羊斧斤之患。以比太子宜臼柔弱不能自立,王宜愛護之,勿聽讒言傷害之也。按:《中候》云:「無易樹子。」注以樹子為適子。所以名適子為樹子者,《文王》之詩云:「本支百世」,以適子比樹本,庶子比支蘗也。「行言」,朱子云:「行道之言也。」「焉」,何也。「數」,錢氏云:「猶記也。」呂祖謙云:「讒言易入而難忘,聽之當如聽行路之言。人之聽往來行路之言者,或歌或罵,如風過耳,心焉嘗數之乎?」愚按:此以上四句皆比體。「蛇蛇」,屈曲之貌。蛇屬紆行,所言不必與理會,而宛轉關生,無所不入,有似蛇行之紆曲者。然又此唱彼和,故目之以蛇蛇也。「碩」,大也。出自口矣,與「好言自口,莠言自口」同意。「簧」,解見《君子陽陽》篇。宜臼奔申,豈無善處之術?彼但以伐申殺太子為事,信口大言,謂王師所至,必無敢逆我顏行者,騁〔註139〕其巧辨,總不根心,如笙中之簧,隨氣轉動,而不自知其可羞愧。蓋為人臣子而日以離間骨肉為事,誠負恩之甚者。尚敢靦然呈面目於人世,所謂胡顏之厚也。上章以事勢言,故曰「躍躍毚兔,遇犬獲之」,危之也。此章以情理言,故曰「巧言如簧,顏之厚矣」,鄙之也。○彼何人斯,支韻。居河之麋。支韻。《爾雅注》、陸本俱作「湄」。無拳無勇,職為亂階。叶支韻,堅夷翻。既微且尰,《說文》作「瘇」。陸本作「腫」。爾勇伊何?歌韻。為猶將多,歌韻。爾居徒幾何?見上。○賦也。「彼」,彼小人也。孔云:「賤而

惡之，作不識之辭，故曰『何人』。」「斯」，通作「嘶」，《說文》云：「悲聲也。」「麋」，古文通作「湄」，水草交際之處。《左傳》「吾賜汝孟諸之麋」是也。「拳」，通作「捲」，《說文》云：「氣勢也。」引《國語》「予有捲勇」之「捲」。「勇」，《說文》云：「健也。」小人之工為讒佞者，其貌極卑，其氣極下，奄奄若九泉下人，何拳勇之有？「職」，主也。「階」，級也。劉熙云：「梯也，如梯之等差也。」鄭云：「此人主為亂作階，言亂絲之來也。」愚按：此以上四句專主號石父而言。「居河之麋」，則其所居之采邑也。「微」，細也，以形體言。「尰」，《說文》云：「脛氣足腫。」《賈誼傳》「方病大尰」是也。此石父之徒黨，史伯謂「侏儒戚施，實御在側」，微即侏儒也，尰即戚施也。戚施為蟾蜍之別名，背上多痱磊，似於尰也。「爾」，爾石父也。後同。石父固無拳勇之可言矣。觀其徒黨，既有微者，且有尰者，與石父表裏相依，石父未必不資之以為重。然其形狀猥陋如此，即爾之所謂勇，亦烏在其能勇哉？「猶」，謀也。「將」者，且然之辭。「為猶將多」，所謀皆興兵搆怨之事，方興而未艾也。因又警之曰：爾所與聚居之徒眾幾何許人，而能為此，正恐作之不順，威之不立，眾怒難犯，禍不旋踵耳。《左·襄十四年》：「衛獻公射鴻於囿，孫文子從之，不釋皮冠而與之言。公飲之酒，使太師歌《巧言》之卒章。太師辭。師曹請歌之，遂誦之。文子曰：『君忌我矣，弗先，必死。』遂作難，公出奔衛。」

　　**《巧言》六章，章八句。** 朱子云：「以五章『巧言』二字名篇。」○《子貢傳》、《申培說》、豐氏本皆合《巧言》、《何人斯》為一篇，故其篇名止有《巧言》而無《何人斯》。今按：二詩立言各有所為，原不相涉。彼但見篇中皆有「彼何人斯」一語，遂謬欲混之為一耳。鄒忠胤謂：「詩以『悠悠昊天』發端，而摘第五章中『巧言』二字為目，意詩章原止於五，其『居河麋』章當與下篇相屬。然《左傳》衛獻公使太師歌《巧言》之卒章以嘲林父，時林父如戚將為亂，則所歌必是居河之麋也。《左傳》所舉章次與毛《傳》殊合，猶不足信耶？」〔註140〕若舊說相沿，皆以此詩為聖讒之作，故於「寢廟」章則曰是言讒之心不難知也，於「荏染〔註141〕」章則曰是言讒之說不難辨也，於「河麋」章則曰是言讒之黨不難除也，於是有為之著論者云：「如王莽之謙恭，使

---

〔註140〕「《左傳》所舉章次與毛《傳》殊合，猶不足信耶」，鄒忠胤《詩傳闡》卷十八《小正傳·巧言篇》作「然則傳不足據耶」。（第713頁）。

〔註141〕「染」，底本作「苒」，據四庫本改。

當年即死，孰知其偽？如王安石之依於道，動引經術，神宗以為聖人，雖司馬亦不知其偽。又或有拳勇如羿、奡、呂布，有徒黨如漢、唐宦官，宋章惇、蔡卞之流，除之不得其方，必致大亂，是皆可患也。今讒人之伎倆如此，而王不能去其罪，不獨在讒人也。」又云：「國家之有小人，其強悍跋扈者多易敗，而奸深詭譎者多難驅。此何以故？為其心如重淵之不可窺而知之實難，其言如懸河之不可禦而辨之實難，此其所以卒至覆國。不然，雖有羿、奡之權力，章、蔡之結黨，而除之如發蒙振落耳。詩人繇心不難知，言不難辨，而始推及於黨不難除，意深遠矣。」二論皆佳，然要之非此詩本旨。

## 苕之華

《苕之華》，幽王之時，西戎之亂始於褒姒，而其禍遂連於中國。詩人傷之，於其末章窮而反本。出羅願《爾雅翼》。○《竹書》紀幽王十年，王師伐申。至次年，申人、鄫人及犬戎遂入寇。此詩之作，當在其時。

苕之華，芸其黃陽韻。矣。心之憂矣，維其傷陽韻。矣。興而賦也。「苕」，毛《傳》云：「陵苕也。」嚴粲云：「非《防有鵲巢》所謂『邛有旨苕』也。」郭璞云：「一名陵時。」「華」，《爾雅》云：「荂也。木謂之華，草謂之榮。」邢昺云：「木則名華。《月令》：『季春，桐始華。』草則名榮。《月令》：『仲夏，木槿榮。』此對文耳。草亦名華。《鄭風》云『隰有荷華』是也。」愚按：以字母推之，華從艸，榮從木，疑木當名榮，草當名華也。「芸其黃矣」，言如芸華之色黃也。解見《裳裳者華》篇。按：《爾雅》：「苕，陵苕。黃華，蔈。白華，茇。」舍人謂「別華色之名也」。華黃者名蔈，華白者名茇，故《說文》解「蔈」字謂「苕之黃華也」。《本草》以為紫葳。又一名茇華，則華之白者耳。《圖經》云：「凌霄花也。多生山中，人家園圃亦或種蒔。初作藤，蔓生，依大木，歲久延引至巔而有華。其華黃赤，夏中乃盛。」羅云：「凌霄蔓生喬木，極木所至，開花其端。是物雖名紫葳，而華不紫。又或以為瞿麥，根為紫葳。瞿麥花紅，亦非此類。然則『芸其黃』者，正自花開之色耳。」據《圖經》及羅說，與此詩及《爾雅》殊合。陸璣乃謂「一名鼠尾，似王芻，生下濕水中，七、八月中華紫，似今紫草華，可染皂，煮以沐髮即黑，葉青如藍而多華」。今考璣所說，乃《爾雅》所謂葝也。《爾雅》云：「葝，鼠尾。」《注》云：「可以染皂。」《本草經》云：「鼠尾草，有白華者，赤華者。一名葝，一

名陵翹。生平澤中，四月採葉，七月採華。」陶隱居云：「田野甚多，人採作
滋染皂。」圖云：「苗如蒿，夏生，莖端作四五穗，穗若車前。」與陸說「生
下濕，七月華可染皂」者相似，則陸誤以陵苕為鼠尾矣。苕蔓生附於喬木，正
如藤蘿之類，乃女寵小人之比。而首以華黃發端，則指以興褒姒，取其容貌
如華，如《史記》趙武靈王歌曰「美人熒熒兮，顏若苕之榮」是也。且黃者，
土色，《坤》卦所謂「黃裳」也。時褒姒已正位中宮矣。又，羅說「此華彌絡
石壁，盛夏視之如錦繡，不可仰望，露滴目中，有失明者」。則亦褒姒妖豔，
能蔽明之況耳。褒姒為亡周禍本，而詩人不敢斥言，故首託興於此。「心之憂
矣」，憂周之將亡也。「傷」，《說文》云：「創也。」「維其傷矣」者，憂痛之
甚，坐立不安，如體之被創也。○**苕之華，其葉青青。**韻。**知我如此，
不如無生。**叶青韻，桑經翻。○賦而興也。葉以斥褒姒之黨，故亦蒙苕華之
文，謂是輔華之葉耳。皇父卿士輩是也。葉方盛則其色青，興其得時也。非一
葉而已，故重言之。知我之所遭如此，不如不生之為愈。痛之深，亦恨之至。
孔穎達云：「人莫不好生，而云己不用生，生非己所裁，而以生為恨，自傷逢
今世也。」又，羅云：「周室之於諸夏，猶衣服之有冠冕，水木之有本源，蓋
有深根固植之義，不特以其在物上而已。今苕雖居高在物之上，然荏弱而託
於物，所自恃者微矣。雖華之芸黃，葉之青青，識者知其將不久也，故見其華
則為之憂傷。逮其華落而葉存，則不如無生矣。」今按：以弱周比苕，固為近
似，但於華、葉兩義終覺無當。且苕葉自黃，非將落而黃，有何可憂？若云
「其葉青青」，見華已盡落，則上文何云「苕之華」乎？故皆不取。○**羒羊**
墳《易林》、豐氏本俱作「羵」。**首，**有韻。**三星在罶。**有韻。陸德明本作
「霤」。**人可以食，鮮可以飽。**叶有韻，補苟翻。○比也。「羒羊」，毛云：
「牝羊也。」「墳」，據《焦氏易林》作「羵」。按：《說文》有「羒」字，無
「羵」字。「羒」、「羵」同音，當通作「羒」。《爾雅·釋羊》「牡羒，牝牂」是
也。《說文》解「羒」為「羒」，當是為此詩句所誤。《廣雅》云：「吳羊牡一歲
曰牡䍩，三歲曰羝。其牝一歲曰牸，牁三歲曰牂。」羅云：「羒止是牝羊，而
《詩正義》欲合墳大首之義，稱為牝小羊，夫吳羊三歲稱羒則非小矣。」《焦
氏易林》有云：「開牢擇羊，喜得大羒。」《字說》謂「犅以乘而不逆為剛，羒
以承而不隨為臧」。蓋羊之性順，犅雖牡而猶有順性，故為「乘而不逆」。羊性
狠，羒雖牝而猶有狠，故為「承而不隨」。「羒羊羵首」，喻婦人而為男子之事，
猶武王數紂稱「牝雞之晨」矣。「羒」，或作「牂」。劉晝云：「晉文公不服羔

裝，群臣皆衣牂羊。牂非美毳而競之者，隨君所好也。」即此「三星在罶」者。「三星」，婚姻之星。在罶，則非其所矣。又以歎夫褒姒也。按：「三星」者，參也。參為白虎宿，見於十月而終於正月，正婚姻之時，故以為婚姻之星。「罶」，《說文》云：「曲梁，寡婦之笱，魚所留也。」《爾雅》亦謂之「嫠婦之笱」。所以取此名者，其說有二。《爾雅疏》謂「罶，曲梁，其功易，故曰寡婦之笱，蓋曲薄也。寡婦者，匹婦也。言雖一婦人亦能為此笱，非鰥寡之寡也」。《詩詁》謂「古者獺祭魚，然後虞人入澤梁。川澤之利，不使人得專之。惟寡婦家，上所矜閔，使得織薄曲，絕水為梁，以笱承之，以時得魚，若遺秉滯穗之意。罶乃曲梁之笱，非曲梁也」。二說皆通。詩言此以刺王娶褒姒，而託之隱語，謂寡婦乃無夫者，今以婚姻之星下臨寡婦之笱，則必將有配匹之事也。「人可以食」承「牂羊」句言。牝羊牡首，物之妖也。人遇此物，可以殺而食之，則牝羊之妖亡矣。惡褒姒也。「鮮可以飽」承「三星」句言。《老子》云：「治大國若烹小鮮。」鮮者，魚也。「三星在天」，人見之而行婚姻之禮，當其下照魚笱，斯時魚可以盡吞而厭飫之，則人不見此星，而庶乎無婚姻之事矣。以王娶褒姒致階禍亂，故溯其本而云然。又，羅云：「《五行傳》有羊禍，說者曰：《易》剛而包柔為離，離為火，為目。羊上角下蹏，剛而包柔，大目而不精明，視毀，故有羊禍。」然則詠「牂羊羒首」，又與詠苕華損目同意，皆於王溺嬖寵而不明有深恫焉。

　　《苕之華》三章，章四句。《序》云：「大夫閔時也。幽王之時，西戎、東夷交侵中國，師旅並起，因之以飢饉。君子閔周室之將亡，傷己逢之，故作是詩也。」先儒皆主飢饉之說，謂羊瘠則皆大，罶中無魚而水靜，故但見三星之光。又謂羊食百卉乃肥，歲荒草木皆瘁，羊所以瘠。魚與蝗本一種，歲荒盡化為蝗，魚所以少，以是為飢饉之驗。果爾，則當野無青草，而上章言苕華之黃、苕葉之青，又何以云乎？《焦氏易林》亦云：「牂羊羒首，君子不飽。年饑孔荒，士民危殆。」蓋祖述《序》說。朱子但謂「詩人自傷身逢周室之衰」，而不著其世。《子貢傳》有「王室亂人不生」六字，而「生」字之上闕其一字。《申培說》則云：「景王崩，王室亂，兵連歲饉，民物盡耗，君子自傷身逢其難而作是詩。」要皆想像之語，無所依據。